KB189362

보현행원으로 보리 이루리

실천 보현행원의 핵심

스스로 부처 되고 이웃도 부처님 되게 하는
보현행원의 바다로 오십시오

《보현행원품》을 처음 읽었을 때 제일 이해되지 않은 부분이 '이 세상에는 수많은 부처님이 계신다'는 구절이었습니다. '깨쳐야만 부처'(二元論)인 줄 철석같이 믿고 있던 때라 '깨치지 않아도 그 자체 그대로 부처님'(一元論)임을 도무지 알지 못했던 것입니다. 부처란 엄연히 깨친 자(覺者)를 이르는 말이며 깨치지 못하면 부처가 될 수 없는데, 경전에서는 수없는 부처님이 이미 계신다고 하니 이 말이 전혀 이해가 되지 않았던 것입니다.

　　깨친 부처나 못 깨친 부처나 깨치고 못 깨친 차이만 있지 모두가 부처의 자리에서는 하나(一, 不二, 不異)임을 알지 못한 채 세월이 흘렀습니다. 저는 깨친 부처만 찾아 저에게 오지 않는 부처님을 하염없이 기다리기만 했습니다. 경전 말씀처럼 우리 눈앞에 바로 수많은 부처님이 계시는데(一圓相) 이를 보지 못하고 그저 부처와 부처 아닌 자(衆生)를 나누며(分別) 머릿속의 부처님만 찾아 헤매었습니다. 경주 남산의 목 잘린 불상도 부처인데, 저는 온전한 모습의 불상만 부처인 줄 알았던 셈입니다.

'보현행원'은 우리가 본래 부처임을 알게 해주는 가르침일 뿐 아니라 온 세상이 이미 깨달음으로 넘치고 있음을 체험하게 합니다. 보현보살만 보현행원을 하는 거룩한 존재가 아니라 우리 모두가 본래 '보현'이었으며 우리 생명이 '본래 부처님 생명'이며 우리가 본래 보현행원을 하지 않으면 안 되는, 그런 '존엄하고 절대적 존재'임을 알게 하는 것입니다.

또한 모든 것이 부족한 우리가 스스로 부처님이 되고, 불교 혹은 수행을 전혀 모르는 이웃들도 부처님 되게 해드리는 가르침입니다. 보현행원을 할 때 우리는 자신도 모르게 이웃들에게 부처님으로 현현하게 되고, 깨치지 못한 이웃들도 부처님 연화좌에 오르게 됩니다. 그래서 보현행원이 울려 퍼지는 곳에 중생이란 없습니다. 나도 부처 너도 부처, 깨쳐도 부처 못 깨쳐도 부처, 알아도 부처 몰라도 부처인, 부처님만 있는 세계(一眞法界, 華嚴)가 펼쳐집니다.

고려시대 순지 대사는 보현행을 세 가지로 분류했으니,

출전(出纏)의 보현, 입전(入纏)의 보현, 과후(果後)의 보현이
그것입니다. 출전의 보현은 '범부의 보현행'으로 범부가 번
뇌에서 벗어나게 되는 행을 닦는 것입니다. 입전의 보현은
'보살의 보현행'으로 출전의 보현에서 힘을 얻은 후 번뇌 속
세간으로 들어가서 하는 보현행입니다. 마지막으로 과후의
보현은 '부처님의 보현행'으로 자비행을 한다는 분별조차 없
는, 깨달음이 완성된 상태에서 나오는 보현행을 말합니다.

   이렇게 보면 깨치지 못할 때나 깨치고 난 뒤에 할 일은
보현행밖에 없습니다. 깨치지 못했다고 보현행을 안 할 것
이며, 깨쳤다고 보현행을 하지 않겠습니까. 그야말로 깨치
지 못해도(범부의 자리) 보현행이요, 깨치고 나서도(불보살의 자
리) 보현행입니다. 다만 보현행의 깊이에 차이만 있을 뿐(유
위의 보현행, 무위의 보현행) 깨친 이나 깨치지 못한 이나 궁극적
으로 할 일은 보현행이라는 사실에는 조금도 차이가 없습니
다. 우리는 이렇게 보현의 원과 행에서 모두 하나가 되며 차
별도 없어지며 모두 만나게 되는 것입니다. 범부와 성자가
보현행에서 하나가 되는 것입니다.

   위빠사나의 대가 잭 콘필드는 저서《깨달음 이후 빨랫
감》에서 불교에는 깨달음 이후의 이야기가 없다고 탄식합
니다. 깨닫는 과정까지는 숱한 이야기가 나오는데, 정작 깨
닫고 난 뒤의 이야기는 없다는 것입니다. 또 우리가 금과옥
조처럼 여기는 곽암의 〈십우도〉에도 소를 찾는 과정은 자

세히 나오지만 소를 찾은 후의 이야기는 없습니다. 마지막은 아이가 소등에 올라타 저잣거리로 들어가는 장면(入纏垂手)으로 끝나는데 저잣거리에서 무엇을 하는지에 대한 구체적 이야기가 없는 것입니다. 그래서 불교 또는 깨달음이 현실성이나 구체성이 없는 그저 신비하거나 허망한 이상이 되고 맙니다. 일체중생이 부처다! 우리는 부처다, 부처로 살아가자…, 이런 거룩한 외침이 공허하게 끝나는 것도, 그 다음 이야기가 없기 때문입니다. 우리가 부처라면 무슨 일을 해야 하며, 또 부처로 살아간다면 어떻게 살아가야 하는가 하는 이야기가 없는 것입니다. 그저 부처 선언만 있는 이런 외침은 듣기엔 좋을지 모르나 현실에서 아무 힘을 발휘하지 못합니다.

그러나 보현행원은 그렇지 않습니다. 깨달음으로 들어가게 할 뿐만 아니라(入法界) 깨달음의 세계에서 펼쳐지는 깨달음 이후의 소식도 일러주고 있습니다. 깨달음의 세계에서는 서로가 공경하고 찬탄하는 보현행이 큰 파동으로 온갖 곳에 물결치고 있습니다. 일체중생이 부처이기에 우리는 사무친 원을 가지고 그분들을 공경 찬탄할 것이며, 그렇게 공경 찬탄하고 공양하는 삶이 바로 부처님의 삶입니다. 부처님은 평생 일체중생을 공경하고 찬탄하며 섬기다 가신 분! 바로 보현행원의 삶을 사셨습니다.

보현행원은 바쁜 현대인에게 딱 알맞은 가르침입니다.

현대인은 종교적 믿음도 예전보다 못하고 관심도 덜하며 무엇보다 따로 수행이나 불법을 공부할 시간이 없습니다. 그만큼 복잡한 시대를 살고 있습니다. 그러나 보현행은 평범한 일상행(有爲行)입니다. 유치원 어린이도 다 아는 보편의 행을 통해 무위의 진리의 세계로 우리를 이끕니다. 수행할 곳을 따로 찾지 않아도 일상이 바로 수행처이며, 수행 방법을 모르더라도 사무친 보현의 원과 행으로 자기가 할 수 있는 일을 온 힘을 다해 실천하면 그것이 바로 수행임을 알게 하는 것이 보현행원입니다. 그러므로 보현행원에서는 따로 특정한 수행을 구할 필요가 없습니다. 불자라면 보현의 원과 행을 가지고 지금 자신이 하는 수행을 열심히 이어가면 되는 것입니다. 불자가 아니라면 또는 다른 종교를 신앙한다면 일상의 삶으로 혹은 자신의 종교로 보현행을 지어가면 되는 것입니다.

불교가 아닌 자신의 신앙으로 보현행을 지은 대표적인 분이 〈울지마 톤즈〉의 이태석 신부입니다. 이태석 신부는 세상의 아픔을 치유하기 위해 오직 사랑을 퍼붓기로 결심하고, 남수단에서 평생을 바치며 그곳 사람들을 찬탄하고 섬겼습니다. 바로 '보현행으로 사랑을 실천'했던 것입니다.

달라이 라마는 현대의 새로운 가르침으로, 종교를 뛰어넘는 보편적 윤리와 보편적 가르침을 애타게 찾고 있습니다. 그리고 그 방법으로 자비와 명상을 들고 있는데, 제 생각으로는 굳이 자비와 명상을 들 필요도 없습니다. 단지 보현행원을 하면 됩니다. 보현행원에는 자비와 명상이 이미 들어있을 뿐 아니라(보현행 자체가 지혜행이요 자비행이며, 간절한 서원을 세우는 것이 명상으로 이어짐) 인종과 종교, 윤리를 뛰어넘는 인류 보편의 이상(理想)이 담겨 있습니다.

공경하고 찬탄하고 섬기는 것은 인류 공통의 보편행이며 나아가 우주의 존재 원리입니다. 보현행은 불교의 이름을 빌렸지만 '우주 보편의 원리'입니다. 따라서 우리가 불교를 알든 모르든, 수행하든 안 하든, 깨치든 못 깨치든 우리는 이미 보현을 하고 있고 보현 속에서 살고 있습니다. 우리 생명의 본질이 바로 보현이요, 일체 만물의 본질이 보현이기 때문입니다. 보현을 하면서도 보현인 줄 모르고 보현을 보면서도 보현인 줄 모르고 있을 뿐입니다. 이 세상의 모든 성자는 보현의 모습으로 오시니, 공자도 평생 보현행원을 했고 프란치스코 교황도 훌륭한 보현행자입니다.

우리가 보현의 원을 가지고 보현의 행을 일으켜 나가면 참으로 불가사의한 세계가 펼쳐집니다. 대립이 있던 곳에 대립이 사라지고, 미움과 갈등이 있던 곳에 서로를 존중하는 원만한 세계가 나타납니다. 이것이 법계연기의 백미인 '사사무애법계(事事無礙法界)'입니다. 우리가 차별로 존재하지만 보현행원의 세계에서는 차별이 이미 없는 것입니다.

차별 속의 평등, 평등 속의 차별이 서로 원만하게 오가는 곳이 보현의 세계입니다. 그래서 《보현행원품》의 또 다른 이름이 《입부사의 해탈경계 보현행원품入不思議 解脫境界 普賢行願品》입니다. 아무 것도 하지 않았는데, 다만 보현행원을 했을 뿐인데 우리 앞에 불가사의한 해탈의 세계가 펼쳐지는 것입니다. 보현행원은 실천의 세계입니다. 오직 실천할 때만 불가사의한 해탈의 경계가 출현하지, 실천을 하지 않고 말과 머리로만 행원을 한다면 부사의 해탈경계는 출현하지 않습니다. 실천하지 않으면 저 광활한 불가사의한 세계를 알 수가 없습니다. 그래서 행원품의 이름 앞에 '입(入)'이라는 글자가 있으니, 몸을 직접 던져 저 드넓은 행원의 바다로 들어가야 하는 것입니다.

세상살이 어렵거든 행원의 노래 부르며 부처님 품속으로 뛰어드십시오! 부처님 아니시면 이 고통 헤쳐 나갈 길이 없습니다. 그렇게 행원의 노래 부르며 부처님 원력 속으로 들어갈 때, 저 불가사의한 부처님의 무량공덕은 현실이 되어 나타납니다.

이 책은 통도사 옥련암 불자님들의 원력으로 나오게 되었습니다. 거룩한 원력에 감사드리며, 행원의 노래가 온 누리에 울려 퍼지기를 발원 드립니다.

불기 2561년 8월
이종린

목
차

머리말 **3**

1장 왜 깨쳐야 하고 수행해야 하는가? 12
　　1 깨달음과 견성성불의 단점 **13**
　　2 수행, 부처 자리에 이르기 위한 필수 방편요소 **14**

2장 보현행원 18
　　1 보현행원이란 무엇인가? – 보현보살과 보현행원 **19**
　　2 보현행원의 특징 **20**
　　3 보현행원과 일반 수행의 성불방법 **26**
　　4 보현행원과 깨달음의 관계 –
　　　보현행원으로 보리 이루리(以普賢行悟菩提)! **29**

3장 행원이란 무엇인가? – 행원의 의미 32
　　1 행(行) **33**
　　2 원(願) **35**

4장 보현행원의 구성 – 기본행원과 응용행원 39
　　1 기본행원 4가지(신해) **40**
　　2 응용행원 6가지(행증) **42**

5장 낱낱의 보현행원 45

    1 예경제불(禮敬諸佛) - 고맙다! **46**

    2 칭찬여래(稱讚如來) - 잘했다! **48**

    3 광수공양(廣修供養) - 섬기고 모시겠다! **51**

    4 참회업장(懺悔業障) - 미안하다! **55**

    5 수희공덕(隨喜功德) - 같이 기뻐하다 **58**

    6 청전법륜(請轉法輪) - 연화보좌에 오르시는 부처님들 **60**

    7 청불주세(請佛住世) - 우리에게 오시는 부처님 **62**

    8 상수불학(常隨佛學) - 부처님께 돌아가기 **63**

    9 항순중생(恒順衆生) - 꽃 피워지는 중생의 불성 **66**

    10 보개회향(普皆廻向) - 깨달음을 중생 속으로! **71**

6장 실천 보현행원 74

    1 공경, 찬탄 있는 곳이 바로 행원 수행 **75**

    2 보현행원은 자연히 밝아지는 수행법 **77**

    3 보현행원 수행에 도움 되는 4가지 **80**

맺음말 **92**

부록 **97**

    1 보현행자의 서원(서분)

    2 보현행원송

1장

왜 깨쳐야 하고 수행해야 하는가?

삶은 고달픕니다. 무척 괴롭습니다. 오죽하면 "하늘엔 별도 많고 우리네 살림엔 근심도 많다, 쾌지나 칭칭 나네"라는 노래가 있겠습니까. 세상의 모든 종교나 성자의 가르침은 이런 괴로움을 벗어나기 위해 설해졌다고 해도 과언이 아닙니다. 기독교에서는 고통의 해결 방법으로 은총에 의한 구원을 말한다면 불교는 성불, 즉 부처가 되어야 한다고 합니다. 그리고 부처가 되는 방편으로 여러 가지 수행을 말합니다. 그 중 가장 전통적으로 인정받고 내려오는 성불법이 바로 견성성불(見性成佛)법입니다. 즉 본성을 깨쳐서 부처가 되는 것입니다.

1 깨달음과 견성성불의 단점

깨달으면 부처가 된다! 소위 말하는 견성성불론입니다. 부처가 되면 이 세상의 모든 괴로움에서 벗어나, 영원한 대 자유인으로 해탈의 삶을 누리게 된다는 것입니다. 깨치기만 하면 된다고 하니 부처되는 일이 참 쉬워 보입니다. 그러나 문제는 깨달음을 얻기가 쉽지 않다는 데 있습니다. 누구나 깨치면 다 부처인데 그 깨침과 깨달음을 얻기가 도무지 쉽지 않은 것입니다.

 설사 깨쳤다 하더라도 진정한 깨침인지 알기 어렵습니다. 자신의 경계를 알기 위해 많은 선지식들을 만나 점검 받

보현행원으로 보리 이루리

1 3

기도 하지만, 점검을 하는 선지식들조차 정말 깨치신 분인
지, 그래서 남의 공부를 평가하실 수 있는 분인지 알쏭달쏭
하기도 합니다. 어떤 선지식에게는 깨침을 인가 받지만 또
어떤 분은 아직 근처에도 가지 못했다고 홀대를 합니다. 혹
자들이 현재 우리나라에는 진정한 선지식이 없다는 말을 하
는 것도 이 때문입니다. 그래서 많은 수행자들이 공부에 마
음을 일으키다가도 도중에 깊은 회의에 빠지기도 합니다.
깨쳐서 부처가 되는 성불론은 이런 단점이 있습니다.

2 수행, 부처 자리에 이르기 위한 필수 방편요소

부처님이 시공을 초월하여 애당초 부처 자리를 떠나지 않은
분이라면, 중생은 착각과 망상으로 부처 자리를 잠시 떠난
것이라고 할 수 있습니다. 부처 자리를 떠난 중생들이 다시
부처 자리로 돌아가기 위한 노력, 또는 몸부림이 바로 수행
(修行)입니다.

　　고통을 벗어나기 위해 수행해야 한다는 것은 누구나 알
고 있습니다. 수행은 불교의 핵심 가르침입니다. 그러나 막
상 수행을 여법하게 꾸준히 하는 사람들은 많지 않습니다.
그 이유는 대략 다음과 같습니다.

　　첫째, 업장(業障)이 두터운 경우입니다. 업장은 지난
날 우리가 저지른 바르지 못한 행으로, 수행을 가로막습니

다. 이를테면 비만한 사람이 달리기를 하는 것은 쉽지 않습니다. 108배 수행은 더 어렵습니다. 체중 때문에 조금만 뛰어도 힘들고 조금만 절을 해도 숨이 찹니다. 공경심이 없는 분, 아상이 강한 이들도 절을 잘하지 못합니다. 절은 하심(下心), 자기 자신을 낮추는 마음이기 때문입니다. 이처럼 자신의 업장이 두터우면 그만큼 수행이 쉽지 않습니다.

둘째, 수행 방법이 잘못된 경우입니다. 거문고를 타던 소나의 이야기가 좋은 예입니다. 공부의 진척이 없던 소나에게 부처님은 이르십니다. 거문고 줄이 너무 팽팽해도 소리가 안 나고, 너무 느슨해도 좋은 소리 내기 어렵다는 부처님의 말씀에 소나는 자신의 문제점을 발견하고 공부에 일취월장을 합니다. 또 택법이 잘못되었을 때도 수행이 어렵습니다. 직업에도 적성이 중요하듯 자기에게 맞는 적절한 수행법을 선택해야 합니다. 화두 참선이 어울리는 분이 염불이나 진언 수행을 한다든가 그 반대의 경우에도 공부 진척이 어렵습니다. 이는 모두 자신의 근기에 맞는 수행을 택하지 못했기 때문입니다.

셋째, 수행 자체의 난이도입니다. 수행의 종류가 평소해 보지 않은 것일 경우 대단히 어려워집니다. 가령 서구인들이 가부좌하기가 어려운 데는 생활 습관이 의자 문화에 길들여진 이유도 있을 것입니다. 또한 장좌불와나 잠을 자지 않는 수행 등은 평범한 사람들에게는 엄두도 내기 어렵습니다. 수행 방법이 일상에서 접하지 못한 것들로, 생소하고 난이도가 높기 때문입니다.

이런 몇 가지 이유로 수행하기가 쉽지 않습니다. 그밖에도 불교의 전통적 수행법에는 다음과 같은 문제점이 있습니다.

첫째, 수행이 언제 어느 때나 이루어지기 쉽지 않다는 점입니다. 물론 어느 경지에 이르면 별 문제가 되지 않지만, 그렇게 되기 전까지 수행을 하려면 특정한 때와 특정한 장소가 필요합니다. 그러나 바쁜 현대인들이 정기적인 시간을 내어 특정 장소에서 꾸준한 수행을 쌓기란 여간 어려운 일이 아닙니다. 더구나 스승의 지도가 반드시 필요한 경우에는 더욱 그렇습니다.

둘째, 전통적 수행의 대다수가 일반인들이 아닌 전문가, 출가자 중심의 수행법이라는 것입니다. 그러니 평범한 일반인들이 제대로 된 가르침을 받기란 쉽지 않습니다. 물론 요즘에는 많이 대중화되고 있지만 아직은 출가자 중심, 수행을 전문으로 하는 분들을 위해 개발된 면이 많습니다. 그래서 누구나 쉽게 깨달음을 이룰 수 있다고 하는 제3의 수행법들이 대두하는지도 모릅니다.

셋째, 현재 수행으로는 나와 남이 동시에 밝아지기가 어렵습니다. 지혜면 지혜, 자비면 자비 등 어느 한쪽에만 치중되어 지혜와 자비가 동시에 성숙해지기 쉽지 않은 것입니다. 불교는 어디까지나 지혜와 자비의 성취를 근간으로 합니다. 나의 공부가 나의 성숙에도 도움이 되어야 하지만 동시에 남의 아픔을 해결하고 남에게도 도움이 되어야 합니다. 그런데 상구보리 하화중생(上求菩提 下化衆生, 위로 깨달음을 구하고 아래로는 중생을 교화하다)이 동시에 이루어지지 못하고, 어디까지나 상구보리를 먼저 한 뒤에 하화중생으로 나아가는 경향이 없지 않아 있습니다(반대로 기독교는 하화중생이 우선). 이런 이유로 불교가 비현실적이라는 오해를 사기도 하는 것으로 보입니다.

그러면 불교에는 이런 문제점을 보완한 수행법이 없는가? 지혜와 자비가 동시에 밝아지고, 언제 어느 때나 누구나 가능한 수행법은 없는 것인가? 다행스럽게도 부처님 당신은 출가자, 전문가의 삶을 사셨으나 박복한 중생들을 위한 수행법을 이미 마련해 놓으셨습니다. 대표적인 것이 바로 '보현행원 수행법'입니다.

2장

보현행원

1 보현행원이란 무엇인가? - 보현보살과 보현행원

보현보살은 범어로 '사만타바드라Samantabhadra(완전한 선)'라고 부릅니다. 한자로는 보현(普賢) 또는 편길(遍吉)이라 하는데 '보편의 법문'이란 뜻을 지니고 있습니다. 부처님의 이(理)와 덕(德)을 상징하며, 문수보살이 지혜의 덕(智德, 體德)을 맡는 반면 보현보살은 행의 덕(行德, 실천의 덕, 중생 제도의 구원행)을 맡는다고 합니다. '보(普)'는 덕이 법계에 두루 가득한 것을 말하며, '현(賢)'은 훌륭한 선업을 쌓아 실천하는 것을 말합니다. 이런 이유로 보현보살을 흔히 '대행보현보살(大行普賢菩薩)', 중생의 목숨을 연장하는 일도 하여 '연명보살(延命菩薩)' 혹은 '보현연명보살'이라고도 부릅니다. 부처의 본원력에 의지해 중생 이익의 원을 세워 수행하시는 보살입니다.

현대적으로 해석하면 보현의 '보'는 보편, 그리고 광대함을 뜻하고 '현'은 덕행, 즉 생명을 살리는 행을 뜻합니다. 따라서 보현보살은 '광대한 보편의 행으로 생명을 살리는 보살'입니다. 집안에 환자가 있거나 병이 있는 분들은《보현행원품》을 매일 한 번 이상 독송해 보시기 바랍니다. 아마 병이 낫고 건강이 회복되는, 전혀 기대치 않은 일들이 일어날 것입니다.

2 보현행원의 특징

1) 언제 어디서나 할 수 있는 수행 – 삶과 수행은 둘이 아니다

행원 수행 열 가지는 누구나 언제 어디서든 할 수 있는 수행법입니다. 가령 공경하고 칭찬하는 것은 특별히 배우지 않아도 누구나 알고 있고 어디서든 할 수 있습니다. 내가 만나는 분들에게 나이, 성별, 지위에 상관없이 예의를 갖춰 공경하고 감사를 표하는 일은 꼭 전문기관에서 스승을 두고 배워야만 할 수 있는 일이 아닙니다. 허물을 보기보다 상대의 정성을 먼저 보고, 웬만한 일에는 꾸중보다 '잘했다!'라는 한마디로 격려해 주는 것 역시 수행이 덜 되어서 못 하는 일이 아닙니다. 남이 잘한 것을 같이 기뻐해 주고 남의 뜻을 따라주며, 나의 모든 영광을 다른 사람들에게 돌리는 이런 일들은, 우리 모두가 이미 알고 있으며 언제 어디서든 마음만 먹으면 할 수 있는 일입니다. 다만 그것이 수행인 줄 몰랐을 뿐입니다.

　　이렇게 보면 행원은 다른 일반 불교 수행처럼 '닦는 것'이 아닙니다. 본래 있던 내 생명의 본 모습(本來佛)을 '꺼내 쓰는 것'이니, 행원은 본래 밝은 내 무한 생명성(無量功德)의 발현이며 내 생명의 노래를 부르는 것입니다.

　　그리고 내가 남을 공경하고 감사를 표하며 칭찬할 때, 남도 나에게 지극한 칭찬과 지극한 공경으로 다가옵니다. 서로가 공경하고 서로가 찬탄하니 서로가 밝아지고 서로가 기쁨에 차며 사회가 밝아지고 세상이 밝아집니다. 찬탄하고 공경하는 몇 가지 일은 이렇게 단순한 일상사가 아니라, 사회에 만연한 갈등을 없애고 우리 모두를 좀 더 높은 정신적 세계로 이끄는 뛰어난 수행법이 됩니다. 이렇게 보면 행원은 수행할 시간이 없는 바쁜 현대인에게 아주 적합한 수행법이라 할 수 있습니다. 내가 있는 자리, 내가 일하는 바로 그 자리, 그 시간이 수행이 되기 때문입니다.

　　행원은 삶과 수행이 둘이 아닌 가르침입니다. 행원의 관점에서 삶은 수행이 펼쳐지는 도량이며, 수행은 삶이라는 현실이 펼쳐지는 도량입니다. 따라서 수행자들이 흔히 겪는 수행과 현실 사이의 괴리감이 없습니다. 행원에서는 삶이 수행이며, 수행이 곧 현실의 삶입니다.

2) 저절로 모든 것이 되는 수행

행원 수행은 일반 수행의 모든 덕목이 구체적으로, 저절로 되게 합니다. 불교에서는 하심(下心)을 강조하지만, 마음을 낮추기란 여간 어렵지 않습니다. 그것은 우주의 본성이 자아 확대이기 때문입니다. 그러니 낮아지기가 힘듭니다. 행원에서는 하심 대신 공경을 가르치는데 공경은 남을 높이면서도 나도 높아집니다. 따라서 공경은 거부감이 없고 공경을 하다 보면 하심은 저절로 됩니다.

　　불교의 중요한 가르침인 정견(正見), 정사(正思), 정어

(正語) 등의 팔정도(八正道)도 구체적으로 어떤 것인지 막상 행하려 하면 막막합니다. 그런데 행원이 바로 팔정도입니다. 내 생명이 바로 부처님 무량공덕 생명임을 믿는 것이 정견이며, 그런 믿음으로 원을 가지고 칭찬, 공양 등을 해나가는 것이 정사·정어입니다. 따라서 행원에서는 정견이 먼저 혹은 따로 있고 나서 보현행을 하는 게 아니라, 보현행과 함께 정견이 이루어집니다. 즉 보현행을 하기 위해 정견을 세우는 것이 아니라 무조건 보현행을 하면 정견이 저절로 오는 것입니다.

화안애어(和顏愛語)를 들먹이지 않아도 칭찬하고 공경하는 행원이 밝은 얼굴, 밝은 말이 됩니다. 아상을 없애려 노력하지 않아도 남을 공경함으로써 '나'라는 생각, 나 잘난 마음이 사라집니다.

계율을 지키라고 강조하지 않아도 저절로 지켜집니다. 행원을 하게 되면 자비심이 충만하게 되어 살생을 할 수가 없으며, 사람이 올곧고 반듯해지므로 거짓말, 사음 등을 하려 해도 할 수가 없습니다. 행원 자체가 선업이요 복 짓는 일이라 복도 저절로 지어지니, 복 많이 지으려 따로 애쓸 필요도 없습니다. '복 따로 행원 따로'가 아니라 행원 자체가 복밭 덩어리입니다. 또 간절한 원은 사띠로 이어지고 일상삼매 일행삼매도 저절로 행해지니, 온 세상이 부처님 무량공덕으로 꽉 찼다는 믿음은 일상삼매로, 끝없는 행원 실천은 그 자체가 일행삼매가 됩니다.

　노래에는 밝은 노래, 어두운 노래가 있습니다. 모두 스트레스 해소에 도움이 되지만, 가능하면 밝은 노래를 불러야 합니다. 밝은 노래는 밝은 마음으로, 어두운 노래는 어두운 마음으로 끝나기 쉽기 때문입니다. 어두운 마음으로 끝나는 노래는 지금 당장이야 내 마음을 후련하게 할지 몰라도 결국 어두운 결과로 종종 이어집니다.

　수행에도 밝은 수행과 어두운 수행이 있습니다. 무엇을 구하는 수행은 어두운 수행입니다(깨달음도 구하면 어두운 수행이 됨). 또한 밖으로 향하는 수행은 모두 어둡게 되고, 중생의 밝은 불성을 부정하는 수행, 가령 너는 죄인이다, 하심하라, 버려라, 이런 가르침 역시 어둡게 됩니다. 내 종교가 제일이다, 내 수행만이 최고다 하는 등의 배타성도 수행을 어둡게 만듭니다. 수행 자체는 밝고 어두움이 없지만 내 마음을 어디로 향하느냐에 따라 어둡고 밝은 수행이 나눠지는 것입니다. 어두운 수행도 어느 정도까지는 우리를 밝히지만, 밝은 수행을 해야 진실로 밝고 원만한 수행이 됩니다. 행원은 처음부터 끝까지 밝음으로 가득 찬 수행법입니다. 대 긍정만이 넘칩니다.

　종교는 무릇 현실적이어야 합니다. 아무리 이론적으로 그럴 듯해도 현실의 고통을 해결하지 못하면 허울에 지나지 않습니다. 이 말은 불교에도 그대로 적용되니, 우리가 불교를 믿고 따르면 현실의 고통이 해결이 되어야 합니다. 사업도 잘 되고 병도 낫고 집안에 우환이 없어져야 하는 것입니다. 우리는 당당한 불자가 되어야 합니다. 그래서 부처님 진리를 이 땅에서 증명하는 사람이 되어야 합니다. 행원은 우리를 이런 진리의 증명자가 되게 합니다. 행원을 하면 당장 내 자신이 행복해질 뿐 아니라 내 이웃도 함께 행복해집니다. 오해가 사라지고 대립과 갈등도 사라집니다. 다툼을 없애는 화쟁에는 보현행원만 한 것이 없습니다. 깨치지 못해도 수행이 깊지 못해도 행원을 하는 순간 이런 밝은 현실을 창조하게 됩니다.

3) 행원은 모든 수행의 종착점이자 재출발점

행원은 모든 수행의 종착점이자 재출발점입니다. 모든 수행은 부처님으로 시작해 부처님으로 끝나야 합니다. 설사 출발은 부처님이 아니었더라도 종국에는 부처님 품속으로 들어가야 합니다. 화두를 들든 진언을 하든 관을 하든, 모든 행의 종착점은 부처님이어야 하는 것입니다. 그리고 부처님 품속에서 다시 태어나야 합니다. 그래야만 수행이 원만하고 완벽해집니다. 어떤 수행을 하더라도 부처님의 무량한 원력, 무량한 자비 속에서 다시 태어나지 않으면 완벽하고 원만해질 수 없습니다.

  우리는 흔히 깨달으면 다인 줄 압니다. 깨치면 더 이상 수행도 필요 없고 장부의 할 일은 다 마쳤으며 그저 바람과 구름을 벗 삼아 꿈같은 법문이나 설하며 열락을 즐기면 되는 것으로 생각하기 쉽습니다. 그러나 사실은 그렇지 않습니다. 부처님 가피 속으로 들어가 부처님의 가없는 공덕 속에서 다시 태어나지 않으면 수행은 완전해지지 못합니다. 경우에 따라서는 오히려 그 때문에 더 크게 떨어지기도 합니다. 아무리 수행을 많이 하고 아무리 한소식을 얻었다 해도, 부처님 공덕, 부처님 가피 속으로 들어가 다시 태어나지 못하면 수행도 공덕도 만사무휴가 되고 맙니다. 그러니 《법성게》를 지을 정도로 뛰어난 화엄승이었던 의상 대사께서도 홍련암에서 간절히 기도를 올리셨고, 끝내 동해 바다에 몸을 던지시자 마침내 관음보살이 대사를 안으심으로써 부처님 품속에 안기게 되었을 것입니다. 용수보살이 그토록 염불을 강조한 것도, 몽산 스님이 공부 끝에 한소식 얻었으나 병을 얻어 사경을 헤맬 때 깨침도 소용없고 오직 참회와 발원 속에서 다시 기사회생하신 것도 모두 이 소식을 말한 것이라 생각됩니다.

지구가 태양을 돌고 태양은 다시 은하를 돌며, 은하는 다시 대우주를 향해 나아가는 것 역시 더 큰 나, 더 큰 우주 속에서 다시 태어나기 위함입니다. 더 큰 우주의 품에 지구가, 태양이, 은하가 안김으로써 성장도 생명도 우주와 같이 무한하게 됩니다.

일상생활도 이와 같으니, 아무리 큰 개인의 영광도 국민 속에서 국민의 영광으로 다시 태어나지 않으면 개인 자랑으로 끝나고 맙니다. 아무리 부를 이룩해도 그것이 성실한 세금 등으로 국가를 위한 부로 다시 태어나지 않으면 한낱 개인의 부의 축적으로 끝나고 마는 것입니다. 이처럼 아무리 개인의 수행이 깊어도, 수행의 열매가 부처님 품에서 다시 태어나지 않으면 한낱 개인 수행으로 끝나고 맙니다. 중생의 공덕이 되지 못하는 것입니다. 수행이 중생의 이익이 되지 못하고 내 수행으로 끝나고 마니, 그 깊은 수행, 그 깊은 소식이 도무지 보람이 없습니다.

행원은 처음도 부처님, 끝도 부처님인 수행입니다. 처음과 끝이 온통 부처님으로 가득 찬 수행이 보현행원입니다. 우리는 이런 보현의 원 속에서 다시 태어남으로써 마침내 원만한 부처님 행을 이루게 됩니다.

3 보현행원과 일반 수행의 성불방법

1) 행원은 견불성불(見佛成佛)법

"석가모니 부처님이 나오셔서 성불하신 이래로 깨달음은 이미 이루어졌고, 이제는 우리 모두 부처님 같은 행이 나와야 한다." 광덕 스님의 말씀입니다. 돌이켜보면 그 많은 깨달음, 그 깊은 수행을 가지고서도 부처님 같은 행이 나오지 않아, 중생의 어둠과 슬픔을 구해내지 못한 경우가 과거에 얼마나 많았습니까. 오늘날 한국불교가 많은 사람들을 부처님 품으로 이끌지 못하고 있는 것은 깨달음의 행을 실천하는 분들이 많지 않은 탓이라고 생각합니다. 돈 많은 구두쇠 자린고비가 사는 모습이 궁색한 것은 돈이 없어서가 아니라 마음이 가난해서인 것처럼, 우리 중생이 힘들게 살아가는 것 역시 깨달음이 적거나 모자라서가 아니라, 또는 깨달은 이가 없어서가 아니라 깨달음의 행이 부족하고 깨달음의 행을 하는 분이 적기 때문일 것입니다.

　우리는 흔히 '깨달아 부처를 이룬다'고 하지만, 이는 석가모니 부처님이 성불하시기 전 시대 중생들의 이야기입니다. 석가모니부처님이 깨쳐서 성불한 뒤에는, 깨쳐서 부처 이루는 것이 아니라 부처의 행을 함으로써 부처를 이루는 것입니다. 석가모니부처님이 깨치기 전에는 깨친 경계, 깨친 이가 하는 행동, 살아가는 모습, 또 깨치기 위해 닦아야 하는 수행 등을 아예 몰랐거나 검증되지 않았습니다. 그러나 석가모니부처님이 깨쳐서 부처가 된 뒤에는 부처의 모든 소식, 경계, 정보가 중생들에게 낱낱이 공개되었습니다. 그러므로 우리는 더 이상 깨치기 위해, 그 정보를 얻기 위해 노력을 허비할 필요 없이 그저 부처님이 알려주신 대로 수행하고(如說修行供養) 살아가면 되는 것입니다. 석가모니부처님의 성불로 그 혜택을 모든 중생들도 입게 된 것이니, 비유하면 뛰어난 과학자 발명가들이 뛰어난 이론과 여러 발명품을 만들어 냄으로써 축지법을 익히지 않아도 하루에 천만 리를 갈 수가 있고, 천이통을 얻지 못해도 천 리 떨어진 친구의 말소리를 들을 수 있으며, 천안통을 얻지 않아도 달나라 우주선의 소식을 볼 수 있는 것과 같습니다.

성불하신 석가모니부처님이 걸어가신 길, 보여 주신 여러 모습들을 우리가 배우고 익히면 우리는 저절로 깨닫게 되고 성불하게 되는 것! 그 길, 그 모습의 대표적 열 가지가 바로 보현행입니다. 우리는 열 가지 보현행을 익히고 행함으로써 모든 부처님의 세계로 나아가게 되는 것입니다. 깨쳐서 성불하는 것이 아니라 부처님 행(佛行)으로써 성불하는 법! 이것이 보현행원 수행법입니다.

보현행원에서는 두 가지 방법으로 부처님을 뵙습니다. 하나는 염불이니, 행원은 행으로 하는 염불이기 때문입니다. 또 하나는 행불(行佛)이니, 행으로써 부처님을 뵙는 것이며 부처님을 보는 행불의 내용이 보현행원입니다.

• 보현행 _ 광대한 보편의 행으로 생명을 살리는 모든 행위를 '보현행'이라 부르며, 불교에서는 《화엄경》에 따로 열 가지를 정하여 〈보현행원품〉에 실어놓았다. 보현행은 '생명을 살리는 모든 광대한 보편행'을 통칭하지만, 일반적으로 보현행이라 하면 〈보현행원품〉에 나오는 열 가지 행을 이른다.

4 보현행원과 깨달음의 관계 –

보현행원으로 보리 이루리(以普賢行悟菩提)!

행원 수행이 그동안 크게 주목 받지 못한 이유 중 하나가, 깨달음과 행원에 대한 오해에서 비롯된 것이 아닌가 싶습니다. 즉 행원 수행을 깨달음과 관계없는 단순한 실천행, 단순한 생활불교의 한 부분으로 생각하는 것입니다.

"보현행원이 좋은 것은 사실이다. 특히 생활불교로서는 손색이 없다. 하지만 그것은 깨달음과 상관이 없다. 행원 가지고는 깨달음에 이르지 못한다. 불교를 알려면 무엇보다 깨쳐야 한다. 그리고 행원은 깨달으면 저절로 나오는 것이다. 그러므로 행원 수행보다는 깨달음을 얻는 데 주력해야 한다"며 행원을 깨달음과 별개의 것으로 알고, 행원 실천을 깨달음 이후로 미루거나 심지어는 행원을 수행 취급(?)도 안 하는 것입니다.

그러나 이는 바른 견해가 아닙니다. 행원은 깨달음으로 가는 가장 쉽고 확실한 방법 중의 하나일 뿐 아니라 행원은 이미 깨닫고 난 다음의 세계를 이야기합니다(깨닫기 전에도 보현행이지만 깨닫고 나면 보현행원밖에 할 일이 없음). 또한 그분들 말씀처럼 행원은 생활불교의 좋은 방편이기도 하지만 평범해 보이는 그 속에 깊은 불교의 진리가 들어있음을 간과하면 안 됩니다. 평범해 보이는 일상사에 불교의 오묘한 온갖 진리가 들어있는 것입니다. 그래서 불교는 세간을 떠나지 않습니다. 세상 속에 불법이 있습니다(佛法在世間 不離世間覺).

행원을 하게 되면 우리도 모르게 거친 마음이 비옥하게 바뀌고 무시(無始, 시작을 알 수 없을 만큼 아주 오래 전) 겁을 닫혔던 마음이 점점 열려옵니다. 그리고 그 열린 마음에 환한 반야의 광명이 찾아듭니다. 그렇게 밝아온 반야의 광명 앞에 온갖 세상이 그 모습을 있는 그대로 드러내니 그것이 바로 '해인삼매'요, 그렇게 반야는 '생명성'을 얻어 '현실'로 현현하니 그것이 '화엄법계'입니다. 그렇게 '반야가 생명을 얻은 것이 화엄'이고 '반야가 생명을 얻게 하는 방법이 보현행원'이니, 행원이 깨달음과 무관하다는 주장은 다소 억지가 아닌가 합니다. 이 세상이 모두 하나구나(一圓相)! 일체중생 일체 만물이 그대로 완전하구나! 나와 조금도 다름이 없구나! 모든 것이 서로 얽혀 있구나(法界緣起)! 라는 것을 행원을 하면 알게 되니 이게 또한 바로 대승의 정견(正見)입니다.

《법화경》의 상불경보살은 오직 공경 하나로 성불하십니다. 다른 수행, 고행이라고는 일체 하지 않고 오로지 공경만 했는데 성불하신 것입니다. 즉 '보현행원'으로 성불하신 것입니다. 그런데 많은 분들이 상불경보살의 공경은 찬탄하지만 공경이 성불의 인(因)이 된 것은 간과합니다. 행원품에도 "보현행원을 독송, 수지, 연설하면 반드시 뛰어난 깨달음을 성취한다(決定獲勝菩提道)"라고 하여 행원과 깨달음의 관계를 분명히 밝히고 있습니다.

일반 수행의 목적은 깨달음일지 모르나 행원의 목적은 어찌 보면 깨달음이 아닙니다. (깨달음을 넘어) 부처님처럼 살아가는 것입니다. 따라서 행원에는 깨달음 여부가 중요하지 않습니다. 깨달으면 제일 좋겠지만 설사 깨닫지 못했다 하더라도 행원을 하는 데는 아무 지장이 없습니다. 깨닫든 못 깨닫든 알든 모르든 행원을 하는 순간 우리는 깨달음에 관계없이 업장에 상관없이 이미 부처가 되어 있으며, 반야용선을 타고 피안으로 가고 있습니다. 우리는 그 안에서 파티도 하고 노래도 부르며 행복하게 살면 됩니다. 그러다 보면 우리는 어느새 피안에 이르러 있습니다. 요약하면 보현행원은 깨달음과 무관한 가르침이 아니며, 깨달음 속에 살게 할 뿐 아니라 깨달음으로 이끌어 주는 가르침입니다. 보현행원을 하면 반드시 깨달을 수 있습니다.

　　유마 거사는 보현행자이니, 보현행원을 공부하고 《유마경》을 읽어 보면 유마의 삶이 바로 보현행원임을 알 수 있을 것입니다. 유마의 그 드넓은 지혜와 자비행이 모두 보현행원입니다. 《유마경》은 《보현행원품》의 또 다른 버전인데, 《화엄경》을 줄이면 《유마경》이 되고 《보현행원품》을 늘리면 《유마경》이 됩니다.

3장

행원이란 무엇인가? - 행원의 의미

1 행(行)

'보현행'의 행은 무엇인가?

① 깨달음의 행, 깨달은 자의 행 :
　부처님이 살아가신 모습이 바로 보현행이다. 예) 곽암의 〈십우도〉
② 깨달음으로 이끌어 주는 길라잡이의 행 :
　행원을 하다 보면 저절로 깨닫게 된다

일상사에서도 행은 대단히 중요합니다. 행이 건강을 가져오고 행이 부와 명예를 가져옵니다. 전쟁을 할 때도 도상 작전과 현실은 별개의 문제입니다. 친구도 머리로 사귄 친구보다 행(몸)으로 사귄 친구의 우정이 훨씬 깊고 오래 갑니다. 마찬가지로 불교에서도 행이 중요합니다. 공(空)함, 무아(無我)를 아는 것과 현실에서 실제로 그렇게 사는 것은 전혀 별개의 문제입니다. 관자재보살이 오온이 공함을 알아 일체 고액을 벗어나는 것도 반야바라밀을 '깊이 행할 때' 이루어진 것입니다. 듣기만 해서는 깨달을 수 없다는 부처님 말씀처럼 마음도 중요하지만 부처님 법문은 행으로 들어야 합니다. 행이 없으면 아무 일도 일어나지 않습니다.

　보현행은 무엇인가? 바로 깨달은 자의 행입니다. 보현행이 나온다고 모두 깨친 것은 아니지만, 진정으로 깨치면 반드시 보현행이 나와야 합니다. 따라서 아무리 깨쳤다고 해도, 아무리 설법을 구름같이 하고 돌사람이 끄덕인다 해도, 중생을 섬기고 공양하는 보현행이 나오지 않는다면 진정으로 깨친 분이 아닌 것입니다. 깨치면 반드시 보현행이 나오게 되어 있습니다. 부처님의 일생이 무엇보다 확실한 증거입니다. 부처님은 평생 중생을 섬기고 공양하다 가신 분입니다. 깨치지 못한 중생을 나무라거나 비난한 것이 아니라, 중생의 허물을 나의 허물로 안고 평생 중생을 섬기고 공양하다 가셨습니다. 고통 속의 중생이 부처님을 부르면 아니 가시는 곳, 아니 가시는 때가 없었던 분이 부처님입니다. 또한 보현행은, 우리를 깨달음으로 이끌어 주는 행입니다. 우리가 원을 가지고 보현의 열 가지 행을 하다 보면 우리도 모르게 깨달음에 성큼 다가서 있는 것입니다. 마치 영어노래를 따라 부르다 보면 저절로 회화가 되고 음악에 맞춰 춤추다 보면 저절로 살이 빠져 비만이 치료되는 것처럼, 굳이 깨달음을 구하지 않더라도 부처님 말씀대로 행하다 보면 우리는 어느새 깨달음에 이르는 것입니다. 부와 명예가 구한다고 오는 것이 아닌 것처럼, 성실히 살다 보면 우리도 모르게 오는 것처럼, 깨달음은 구한다고 오는 것은 아닙니다. 오히려 그런 구하는 마음이 깨달음을 더더욱 오지 못하게 합니다.

깨달음을 따로 구하지 말고 깨달음의 행으로 바로 들어가라! 행원을 하면 깨달음은 지금 이곳에 있다! 행원이 있는 곳이 깨달음이다! 깨달음의 행을 바로 이곳에서 지금 당장 하라! 그러면 깨달음 유무에 상관없이 깨달음의 공덕 속에 살 뿐 아니라 마침내 깨달음이 오게 된다! 저절로 깨닫게 된다! 행원은 그러한 가르침을 우리에게 말해 줍니다.

2 원(願)

원은 왜 중요한가?

① **올바른 행으로 이끈다 :**
   원은 완벽한 이론, 완벽한 지혜, 완벽한 준비 제공

② **행의 추진력을 배가시킨다 :**
   행에 원이 더해질 때 폭발적 힘이 발생한다

③ **불가능한 일, 감당 못할 일들을 가능하게 함→**
   새로운 복밭(福田)을 일군다

일체의 세계 속에서 보리심을 발하여 부처를 구하는 이들은, 먼저 청정한 원을 세우고 보살의 행을 닦아 나가라(一切世界中 發心求佛者 先立淸淨願 修習菩薩行).

《화엄경》에 나오는 게송입니다. 여기서 보면 부처님은 행을 하기 앞서 원을 세우라고 말씀하십니다. 무턱대고 행을 먼저 하라는 것이 아니라 그 전에 맑은 원을 먼저 세우고 그 뒤에 보살의 행을 닦아 나가라는 것입니다.

원이 없는 수행은 출발부터가 잘못된 것입니다. 원이

없으면 어떤 수행도 원만하고 완벽해지지 못합니다. 자칫하면 빗나가거나 남을 해치기 십상입니다. 처음에는 순수하던 분들이 날이 갈수록 이상해지는 것도 모두 원이 없거나 도중에 사라졌기 때문입니다. 원은 처음부터 항해 방향을 바로 잡아 줄 뿐 아니라 항해 도중에 잃기 쉬운 항로를 바로 세워 줍니다. 수행에서 원은 그만큼 중요합니다.

1) 원이란 무엇인가?

욕심과 원

① 부처님 기쁘게 하는 모든 소망, 일체의 행이 '원'이다
② 욕심은 내가 있는 것 vs 원은 내가 없는 것. 원은 부처님이 하시는 것
③ 욕심은 구하는 마음 vs 원은 부처님에 대한 맹세(및 공양)
즉, 부처님 기쁘게 하는 모든 소망과 일체의 행이 '원'이다

원과 비슷한 개념 중에 욕심이 있습니다. 욕심은 모든 생명의 존재 이유입니다. 그러나 욕심만 가지고는 세상을 살아갈 수 없습니다. 우선 세상은 내 뜻대로 다 되는 것이 아니며, 설사 되는 것이 있다 하더라도 무수한 시기와 질투를 초래합니다. 그리고 무엇보다 욕심은 끝이 없습니다. 바닷물을 마시는 것과 같이 욕심을 내면 낼수록 사람은 더욱 황폐해져 갑니다. 그러면 과연 해결책은 없는 것인가? 있습니다! 그것은 바로, '욕심을 원으로 바꾸는 일'입니다. 욕심을 원으로 바꾸는 순간, 하늘처럼 높던 욕심이 하늘처럼 높은

원으로 바뀝니다. 변한 것은 하나도 없는데, 단지 한 생각, 한 개념만 바꿨을 뿐인데, 남의 비난과 시기를 받던 욕심이 남의 칭찬과 감동의 대상이 되는 것입니다. 욕심으로 무슨 일을 할 땐 몸이 무겁고 불편하기 짝이 없었는데, 원을 가지고 할 때는 몸이 가볍고 편하기 그지없습니다(誓願安樂行).

　　그러면 욕심과 원은 어떻게 다른가? 욕심은 내가 있는 것이요 나를 기쁘게 하는 것이지만, 원은 부처님이 계시고 부처님을 기쁘게 하는 일입니다. 또한 욕심은 구하는 마음이지만 원은 부처님께 대한 맹세요, 부처님께 공양을 올리는 것입니다. 따라서 내가 아니라 부처님을 기쁘게 하는 모든 소망, 일체의 행은 욕심이 아니라 원이 됩니다. 내가 하는 것이 아니라 부처님이 하시는 것이 되면 욕심이 바로 원입니다.

2) 원 세우는 법
원을 세우는 법
① **내가 있는 자리에 나 대신 부처님을 놓는다**
　　내가 한다(X) → **부처님이 하신다**(O)
② **행마다 원을 붙인다.**
　　예) 불우이웃돕기 음악회, 심장병 어린이 돕기 마라톤 대장정
③ **원을 행할 것**(부처님에 대한 맹세) : **부처님, 원을 세우겠습니다!**

원을 세우는 법은 간단합니다. 먼저 내가 있는 자리에 부처

님을 놓는 것입니다. 서까래 하나를 세우더라도, 내가 하는 것이 아니라 부처님이 하시는 것입니다. 밥을 먹어도 내가 먹는 것이 아니라 부처님이 드시는 것입니다. 심부름을 해도 내가 하는 것이 아니라 부처님이 하시는 것입니다.

둘째, 행마다 원을 붙입니다. 내가 하고 있는 모든 행에 원을 붙일 때, 무의미하던 나의 삶은 그대로 원행이 되어 버립니다. 단순한 음악회도 '불우이웃돕기'란 말을 붙이면, 그저 가진 자의 즐기기 위한 행이 아니라 힘든 이웃을 위한 원행이 됩니다. 멀고 고통스럽기만 하던 마라톤의 험한 길도 '어린이 돕기'라는 원을 붙이면 한 걸음 한 걸음이 모두 아이들을 위한 밝은 길이 되는 것입니다. 이와 같이 행마다 '발원' 또는 '발원합니다'라는 말을 붙이면 욕심이 바로 원이 됩니다.

끝으로 이도 저도 안 될 때는, 그저 '부처님, 제가 원이 하나도 없는데 언젠가는 원을 세우겠습니다. 그래서 부처님 꼭 기쁘게 해 드리겠습니다!'라는 말만 하면 됩니다. 없는 원을 세우겠다고 다짐하는 그 맹세! 그것이 바로 서원이며 원을 발하는 '행원'이 되는 것입니다. 그리고 그 단순한 한마디는 그냥 보잘것없는 말이 아니라, 뒷날 보현보살의 원에 못지않은 밝은 원, 큰 서원의 서곡이 됩니다.

4장

보현행원의 구성 –
기본행원과 응용행원

대부분의 운동은 기본동작과 응용동작이 있습니다. 기본동작을 토대로 하여 응용동작이 전개됩니다. 행원도 이와 같아 기본행원과 응용행원으로 나눌 수 있습니다. 기본행원을 먼저 잘해야 응용행원도 쉽게 이루어집니다. 사실 행원 열 가지를 하는 것은 쉬운 일이 아닙니다. 제 경험으로는 기본행원 네 가지만 잘해도 충분합니다.

1 기본행원 4가지(신해)

화엄수행은 '신해행증'으로 이뤄집니다. 믿음을 일으키고(信) 그 믿음에서 세상의 진리를 이론적으로 깨우치며(解, 解悟), 깨우친 이론을 토대로 행을 닦아(先悟後修) 마침내 증의 자리에 이르는 것(證悟)입니다.

기본행원은 예경제불, 칭찬여래,. 광수공양, 참회업장 네 가지이며, 주로 신해(信解) 즉 믿음을 일으키는 데 해당합니다. 이들 행원은 그 시작을 '이 세상에는 한량없는 부처님이 계신다'는 것을 깊은 믿음(深心信解)과 눈앞에 나타나는 지해(如對目前과 現前知解)로 '믿고 이해하는 것(信解)'으로 시작합니다. 그렇게 믿고 이해하다 보면 실제 눈앞에 부처님이 나타나십니다.

일체 만물을 부처님으로 보고 일체중생을 부처님으로 섬기는 것이 바로 보현행원 수행법입니다. 가령, 문수보살을 만난 선재동자가 어떻게 보살행을 원만히 성취할 수 있는가를 묻자, 문수보살은 다음과 같은 게송으로 답합니다.

그대 시방 세계에서	汝於十方界
한량없는 부처님 뵈옵고	普見無量佛
모든 원력 바다를 성취하면	成就諸願海
보살의 행을 구족하리라.	具足菩薩行

즉 부처님을 뵙는 것이 바로 보현의 행에 해당하고, 원력의 바다를 성취하는 것이 보현의 원입니다. 우리는 부처님을 어떻게 뵙는가? 공경하고 칭찬하고, 섬기고 공양하면서 뵙는 것입니다. 따라서 보현행원에서의 성불은 견성성불이 아니라 어찌 보면 견불성불입니다. 행원의 눈으로 보면 일체중생이 모두 부처님입니다. 모두 존귀하고 대접받고 찬탄 받아 마땅할 분들인 것입니다. 비록 아무리 못나고 비천한 사람도 보현행자에게는 '못 깨쳐도 부처님'입니다. 깨쳤든 못 깨쳤든 그 사람은 부처님임에 틀림없고, 단지 지금 잠시 미혹에 가려 망나니짓을 하고 있을 뿐입니다. 그러나 언젠가는 꼭 잠에서 깨어 부처를 이루고 일체중생을 행복하게 할 것이니, 나는 현재의 모습에 상관없이 비천한 그를 부처님으로 모시고 섬기고 공양하겠다는 것입니다.

2 응용행원 6가지(행증)

응용행원 여섯 가지는 기본행원을 제외한 수희공덕, 청전
법륜, 청불주세, 상수불학, 수순중생, 보개회향입니다. 이
는 주로 행증(行證)에 해당합니다. 기본행원에서 일어난 믿
음이 지혜와 행으로 증명되어 가는 과정입니다. 또 예경제
불부터 상수불학까지는 주로 지혜의 증진(開眼)에 해당하고
수순중생, 보개회향 및 보현행원품 끝까지는 자비행의 실천
에 해당합니다.

　　그러나 화엄 수행 체계를 신해행증으로 나눴지만, 《화
엄경》 자체에서도 하나의 신, 하나의 해, 그리고 하나의 행
과 증에서도 신해행증이 무수히 되풀이되듯, 각각의 행원
그 자체도 신해행증으로 구성되어 있습니다. 가령 예경제불
원에서 부처님이 이 세상에 수없이 계신다는 것은 '신'이며,
부처님을 눈앞에 계신 듯 뵙는 것은 '해', 온몸으로 부처님
앞에 나아가 예경하는 것은 '행', 허공계와 중생계가 다해도
나의 예경은 끝이 없다는 것은 '증'에 해당합니다.

　　또한 행원품 전체로 보면 부처님 공덕의 세계로 들어가
라는 보현보살의 서언은 '신', 행원 열 가지 설명은 '해 또는
행', 그 뒤에 나오는 행원의 공덕과 자비행의 실천을 말하는
부분은 '증', 또는 '행증'에 해당합니다. 《화엄경》 자체가 수
없는 설명의 반복이 되풀이되듯, 그리하여 드넓은 화엄법계
로 우리를 인도하듯, 우리는 이런 무한 중복, 중중무진의 무

한 중첩적인 반복적 행원에 의해 우리의 원과 행이 마침내 부처님처럼 넓어지고 깊어져 가는 것입니다(이는 현대 과학의 무한 중첩 반복이론인 '프랙탈(fractal) 이론'과 비슷함).

보현행원 수행의 기본자세
① **무유궁진(無有窮盡)**
② **염념상속(念念相續) 무유간단(無有間斷)**
③ **신구의업(身口意業) 무유피염(無有疲厭)**

경은 우리에게 보현행을 할 때 먼저 끝이 없어야 한다고 가르칩니다. 그것은 제도해야 할 중생의 수가 끝이 없기 때문이지만, 우리의 본래 생명과 본래 원행이 끝이 없기 때문입니다. 또 수행은 중단됨이 없이 연속적으로 염념이 이어져야 한다고 말합니다. 특별한 장소, 특별한 시간에만 수행을 하는 것이 아니라 언제 어디서든 보리심을 잃지 말아야 하는 것입니다.

끝으로 우리의 몸과 말에 피곤함과 싫증이 없기를 강조합니다. 진정한 보살행은, 내가 기분이 좋고 내가 하고 싶을 때만 하는 것이 아닙니다. 언제 어디서나 중생의 뜻에 따라 '나'라는 것을 잊어버리고 오로지 일체중생을 위한 삶, 그것이 수행자의 기본자세입니다.

행원은 좋아하는 마음을 내라고 하지 않습니다. 단지

싫어하는 마음만 내지 말라는 것입니다. 좋아하는 마음은 좋을 때는 좋지만, 모든 공덕은 좋아하는 마음이 사라질 때 같이 사라집니다. 그러나 싫어하는 마음은 그렇지 않습니다. 싫어하는 마음, 염심(厭心)만 없으면 우리는 무엇이든 이뤄낼 수 있습니다. 수행에서 '싫어하는 마음'을 내지 않는 것은 매우 중요합니다. 싫어하지 않으면 중단함이 없고, 쉬지 않으면 마침내 이루어집니다.

　이와 같이 수행은 잘난 사람, 특출한 사람, 영재나 천재들만이 이루는 것이 아닙니다. 미련하고 못난 사람도 쉼 없이 꾸준히 하는 데서 이루어지는 것입니다. 이러한 행원 수행의 세 가지 자세는 비단 행원만이 아니라 모든 수행에 적용되는 원칙입니다.

5장

낱낱의 보현행원

1 예경제불(禮敬諸佛) - 고맙다!

왜 공경해야 하는가?
① 공경은 만행의 근본
② 공경은 아상을 사라지게 하며 하심을 기른다
③ 공경은 깨달은 이의 본성
④ 공경은 위아래 모든 사람이 하는 것

공경으로 가는 길
① 감사하라! ② 인정하라!

행원에서는 어떻게 공경하는가?
① 보현행원의 힘으로 부처님을 뵈옵고 공경한다
② 깊은 믿음(深心信解)과 눈앞에 뵈온 듯(如對目前) 공경한다
③ 행으로 공경한다 - 청정신어의업(淸淨身語意業) 공경

공경은 모든 행의 근본입니다. 공경이 없으면 이 세상 어떤 인간관계, 사회질서도 이루어질 수 없습니다. 부모 자식, 스승 제자 관계가 이루어지는 것도 공경이 전제가 되어 있을 때입니다. 부부관계가 악화되는 것도 부부 간에 공경심이 없어질 때입니다. 또한 공경은 아상을 사라지게 합니다. 거만한 마음으로 공경을 할 수는 없습니다. 그래서 공경은 하심도 저절로 되게 합니다.

　공경은 상불경보살의 성불 일화에서도 보듯 깨달음으로 이끌어줍니다. 또한 깨달은 이의 본래면목 중 하나가 공

경입니다. 깨달으면 제일 먼저 나오는 것이 일체중생, 일체
만물에 대한 공경심인 것입니다. 모든 부처님이 이를 증명
합니다. 일체중생이 본래 부처구나! 겉보기에 비천한 저 미
물이 본성에서는 부처와 조금도 다름이 없구나! 이런 사실
을 사무치게 깨달은 분에게서 공경이 우러나지 않을 수 없
습니다. 그러므로 공경심이 없는 분은 진실로 깨달았다고
할 수 없습니다. 이런 이유로 행원은 공경하는 마음으로부
터 시작됩니다. 공경은 어린 사람, 아랫사람만 하는 것이 아
닙니다. 나이든 분, 윗사람도 젊은 분 아랫분에게 해야 하는
것이 공경입니다. 누구나 누구에게나 해야 하는 것이 공경
입니다.

　　공경은 상대가 부처이기에 하는 것이 아닙니다. 부처든
아니든 오직 공경하는 것이 보현행원이며, 나머지 행원도
마찬가지입니다. 행원을 할 때 상대가 부처니까 찬탄한다
등의 조건을 붙이면 안 됩니다. 부처로 보이든 안 보이든 무
조건 하는 것이 보현행원입니다.

　　현실적으로 공경심을 내는 방법은 무엇인가? 그것은
감사하는 마음을 내는 것입니다. 지금까지 나에게 해 준 게
하나도 없는 줄로만 알았던 부모님이, 나에게 야단만 치는
줄로만 알았던 스승님이, 사실은 모든 것을 바쳐 나를 기르
고 키워 주신 것을 알 때, 망둥이처럼 날뛰던 마음과 빗나가
기만 하던 행동은 비로소 방황을 멈추고 제자리로 돌아오게

되는 것입니다. 그러므로 모든 성인들이 '은혜를 알라, 감사하라!'라고 가르치는 것입니다.

　행원에서는 깊은 믿음(深信信解)으로 '네 눈앞에 있는 모든 사람들이 바로 부처님이다!(如對目前)'라고 가르칩니다. 나한테 잘해 주는 사람만이 아니라 나를 핍박하고 괴롭히는 이들조차 나의 괴팍한 습(習)을 고치려 거친 모습으로 출현하시는 부처님이라는 것입니다. 그리고 그 말이 잘 믿어지지 않는 우리를 위해 '보현의 원력으로 그렇게 보아라!'라고 가르칩니다. 우리는 믿어지지 않는 믿음을 보현의 원력을 통해 일으키고, 그렇게 일어난 믿음으로 마침내 부처님 무량공덕 속으로 들어가게 됩니다.

2 칭찬여래(稱讚如來) – 잘했다!

왜 칭찬해야 하는가?
① 칭찬은 일체 생명을 꽃 피운다
② 언어의 창조적 능력 – 칭찬 속에 밝음이 창조된다
③ 칭찬이 더 쉽다

행원에서는 어떻게 칭찬하는가?
① 보현의 행원력으로 부처님을 뵈옵고 찬탄한다
② 깊은 믿음과 알음알이로 찬탄한다
③ 여래의 공덕을 칭찬한다
④ 일단 칭찬한다

⑤ 끝없는 음성과 갖은 언사로 찬탄한다
⑥ 그 중생의 언어로 찬탄한다(所有一切衆生語 悉以諸音而說法)

거친 눈보라, 추위 속에서는 아무 것도 자랄 수 없듯, 비난과 힐난 속에서는 어떤 생명도 자랄 수 없습니다. 대지를 일깨우는 훈훈한 봄바람에 만물이 소생하듯, 칭찬 속에 우리의 생명, 일체 만물이 태어나고 자랍니다. 칭찬은 꽁꽁 얼어붙었던 대지를 일깨우는 봄의 교향악입니다. 칭찬 속에 아이가 자라고 칭찬 속에 만물이 성장합니다.

　말은 창조적 능력이 있습니다. 말이 씨가 된다고 하듯, 밝은 말은 밝음을 창조하고 어두운 말을 하면 어둠을 창조합니다. 살리는 말을 하면 살게 되고 죽이는 말을 하면 죽게 됩니다. 그러므로 말은 함부로 하면 안 됩니다. 언제나 긍정적인 말, 남에게 희망과 용기를 주는 그런 밝은 말을 해야 합니다. 사람들은 흔히 비난이 더 쉽다고 생각합니다. 실지로 칭찬하는 분들은 적고 남 비난에 열 올리는 분들은 자주 봅니다. 그러나 실지로 해 보면 칭찬이 훨씬 쉽습니다. 비난은 생명을 죽이는 말이지만 칭찬은 생명을 살리는 말이기 때문입니다. 우리의 본성이 불성 생명이라, 일체 만물을 살리고자 하는 마음으로 가득 찬 존재이기에 사실은 비난보다 칭찬이 훨씬 쉬운 것입니다.

　행원에서는 예경에서처럼 보현의 크나큰 원력으로 칭

찬의 말을 꺼냅니다. 변재천녀(辯財天女, 불법을 노래하는 여신)보다 더 뛰어난 방편을 가지고, 변재천녀보다 더 뛰어나게 여래의 공덕을 칭찬하고 찬탄합니다. 여래의 공덕을 찬탄한다 함은 바로 중생의 공덕을 찬탄함을 뜻합니다. 그것은 여래의 공덕이 바로 중생의 공덕이기 때문입니다. 그러한 찬탄 속에서 중생 안에 있는 불성, 그 꺼져가는 불씨가 마침내 활활 타오르게 되는 것입니다.

칭찬은 무엇보다 일단 말로써 해야 합니다. 어떤 분들은 칭찬하려면 낯간지럽고 입이 안 떨어져 못한다는데, 그동안 칭찬을 구체적 행동으로 표현해보지 않았기 때문입니다. 마음속으로 하는 칭찬, 칭찬의 대상이 모르는 칭찬은 소용이 없습니다. 칭찬은 천둥과 같은 목소리로, 밀려오는 파도소리보다 더 큰 목소리로 소리 높여 찬탄해야 합니다.

궁극적으로 찬탄의 도구는 보현행원 그 자체입니다. 우리는 공경으로 찬탄하고 참회로 찬탄하며 공양으로 찬탄하는 것입니다. 이렇듯 행원은 상호 호환성을 가지고 있습니다. 가령 공양의 방법도 회향의 도구도 모두 낱낱의 행원 그 자체입니다. 또한 갖가지 수행이 모두 찬탄의 도구입니다. 우리는 참선으로, 염불로 부처님의 무량한 공덕을 찬탄하는 것입니다.

끝으로 칭찬은 중생이 알아듣는 언어로 해야 합니다. 아무리 좋은 말이라도 못 알아듣는 말은 소용이 없습니다.

행원에서는 일체중생이 쓰는 언어를 잘 알아 그들의 언어에
맞게 칭찬하고 법을 설하라고 합니다.

3 광수공양(廣修供養) - 섬기고 모시겠다!

왜 공양해야 하는가?

① 부처님을 기쁘게 하기 위해

② (번뇌에서) 가벼워지기 위해 - 가지면 무겁고 버리면 가볍다!

③ 부처님 가피와 함께 한다

행원에서는 어떻게 공양하는가?

① 보현의 행원력으로 부처님을 뵈옵고 공양한다

② 갖은 공양구, 으뜸가는 공양구로 언제나 공양한다

③ 법공양을 올린다

법공양 일곱 가지

① 여설수행공양(如說修行供養)

② 이익중생공양(利益衆生供養)

③ 섭수중생공양(攝受衆生供養)

④ 대중생고공양(代衆生苦供養)

⑤ 근수선근공양(勤修善根供養)

⑥ 불사보살업공양(不捨菩薩業供養)

⑦ 불리보리심공양(不離菩提心供養)

공양과 비슷한 말에 보시가 있습니다. 그런데 보시는 가진

자, 높은 자가 낮은 자, 못난 자에게 베푸는 마음이 강한 반면, 공양은 그런 마음이 전혀 없는 그저 모시고 섬기는 마음이 강합니다. 저는 개인적으로 보시라는 말보다는 공양, 보시바라밀보다는 공양바라밀을 더 좋아합니다.

공양은 부처님께 바치는 것입니다. 왜 바치는가? 부처님을 기쁘게 해 드리기 위해 바치고 내 마음이 무겁기 때문에 바치는 것입니다. 무엇을 바치는가? 나의 모든 것을 바치는 것입니다. 내가 가진 모든 재물이 공양구가 되고, 내가 가진 모든 고뇌, 고통이 부처님께 올리는 공양물이 됩니다. 부처님은 중생의 이익과 행복을 위해 오신 분! 그런 부처님이 굳이 무슨 재물을 바라시겠습니까? 그저 부처님은 우리에게 복을 지어 주시기 위해 어떤 공양물이라도 우리의 공양물을 기쁘게 받으시는 것입니다. 따라서 부처님은 유형의 재물뿐 아니라 중생의 번뇌도 기꺼이 받아 주십니다. 내가 번뇌를 바칠 때 부처님은 자비로 섭수하시며, 나의 어둠 가득한 곳에 광명을 뿜어 주십니다. 나의 고통을 부처님께 바칠 때 부처님은 기꺼이 그 고통을 받아 주십니다. 그리고 끝없는 밝음을 우리에게 주십니다. 부처님께 내 모든 것을 공양할 때 우리는 희망과 기쁨, 용기로 가득 차게 되니, 힘들고 괴로운 것은 부처님께 모두 바치고 우리는 빈 몸으로 가는 것입니다.

또한 부처님께 모든 것을 바친다 함은 '부처님 자비와

가피를 함께 한다'는 말도 됩니다. 홀몸으로 가면 힘들지만 함께 가면 힘들지 않습니다. 아무리 고달픈 인생이라도 부처님과 함께 하면 힘들고 무서울 게 없습니다. 우리는 부처님께 나의 모든 것을 바침으로써, 내 생명을 부처님 전에 공양 올림으로써 부처님 무량한 원력의 바다, 한없는 부처님 자비 속으로 들어가게 됩니다.

공양 중의 최상은 법공양입니다. 부처님 말씀대로 수행 잘하는 공양, 일체중생을 이익 되게 하는 공양, 중생의 모든 것을 섭수하고 고통을 대신해 주는 공양, 그리고 좋은 인연을 심고 복밭을 일구며 보살의 업을 버리지 않고 보리심을 떠나지 않는 공양! 이런 공양을 통해 우리는 더욱더 부처님께 가깝게 가게 됩니다.

우리는 공부를 할 때 부처님이 일러주시는 대로 해야 합니다. 괜히 내 소견을 더해 부처님 가르침을 더하고 덜 필요가 없습니다. 그리고 수행의 우열을 따지지 말아야 합니다. 그저 부처님 말씀대로 내 공부 잘하면 되는 것입니다. 또 남을 돕느라 일터에서 열심히 일하느라, 도량에 따로 공부하러 가지 못함을 한탄할 필요도 없습니다. 내가 있는 자리에서 열심히 일하고 남을 이익 되게 하며 남의 고통을 받아 주고 대신해 주며, 만나는 이웃들과 좋은 인연을 심어나가는 것이 참선 염불 등 그 어떤 수행보다 못지않은 수행임을 알아야 합니다.

우리는 수행 강박증(?)을 가질 필요가 없습니다. 특히 재가자에게는 일상사 모두가 수행의 방편임을 알아야 합니다. 참선 염불 주력 이런 것만이 수행이 아니라 우리가 생각하고 말하고 행하는 일체 모든 것이 수행입니다. 오직 보현의 마음으로 일상을 살면 무의미하던 일상사가 모두 수행이요, 거룩한 법공양으로 변합니다. 법공양은 그런 가르침을 우리에게 알려 줍니다.

법공양 일곱 가지를 한마디로 말하면 '부처님을 기쁘게 해 드리는 공양'입니다. 부모가 자식이 능력을 마음껏 발휘하고 행복할 때 가장 기뻐하는 것처럼, 부처님도 중생이 불성을 활짝 꽃피우고 행복하게 살 때, 그리고 그렇게 살도록 우리가 일체중생을 섬기고 공양할 때 가장 기뻐하십니다. 중생을 번성하게 하고 중생을 행복하게 하는 일체의 행이 부처님을 기쁘게 하는 것이며, 그러한 공양이 바로 법공양입니다. 그리고 이러한 법공양을 통해서 일체의 부처님이 출현하시니, 법공양을 올릴 때 우리는 진실한 공양을 올리는 것이 됩니다. 이러한 나의 공양은 특별한 때, 특별한 장소에서만 이루어지는 것이 아니라 언제 어느 때나, 늘 이루어지는 것입니다. 그것은 나의 번뇌, 나의 고통이 끝이 없고 때를 가리지 않기 때문입니다.

4 참회업장(懺悔業障) – 미안하다!

왜 참회하는가?

① 참회는 새 출발의 전환점

② 진정한 수행은 참회로부터 출발

행원에서의 참회(普賢懺悔) – 일곱 가지로 구성

① 알라! 인정하라!

② 지금 참회 – 참회는 즉각적이어야 한다

③ 이참(理懺), 무생 참회(無生懺悔) : 부처님 앞에 참회

④ 사참(事懺), 작법 참회(作法懺悔) : 성심(誠心) 참회

⑤ 청정삼업(淸淨三業) 참회 – 밝은 행으로 참회

⑥ 후불부조(後不復造) 참회 – 같은 잘못을 되풀이하지 않는다

⑦ 항주정계 일체공덕(恒住淨戒 一切功德) 참회 :

　부처님 공덕 속에 머문다

참회는 모든 잘못된 삶을 청산하고 새로운 삶으로 나아가는 분기점입니다. 우리는 참회를 통해 온갖 갈등, 상처를 치유하고 새로운 희망의 세계로 가게 됩니다.

　진정한 수행은 참회로부터 출발합니다. 잘난 줄만 알았던 내 죄가 하늘보다 높은 줄 알 때, 아무 잘못도 없는 줄 알았던 나의 삶이 바다보다 깊은 잘못으로 가득 차 있음을 알 때, 어긋난 모든 중생의 삶은 비로소 갈등이 해소되며 화해를 이루고 모두가 환희의 새 출발을 하게 되는 것입니다.

　업장은 어디서부터 녹는가? 바로 '나'로부터 녹습니다. 천하의 모든 사람이 잘못을 모른다 하더라도 그들을 탓해서

는 안 됩니다. 내가 참회할 때 온 세상이 참회하게 됩니다. 그런 의미로 볼 때 남 탓할 이유가 하나도 없습니다. 내가 밝아지면 남도 밝아집니다. 내 등불 내가 타 올라야지 어둠을 탓할 필요가 전혀 없습니다. 예수님도 인류의 잘못을 당신의 잘못으로 알아 기꺼이 골고다의 언덕길을 올라 십자가에 매달리셨고, 부처님도 중생의 허물을 당신의 허물로 안고 가셨기에 해탈과 성불을 이루셨습니다. 예수님의 참회로 인류의 원죄가 허물어지고, 부처님의 성불로 중생의 무명이 벗겨진 것입니다.

　행원에서는 일단 자기 잘못을 알라고 가르칩니다. 어리석어 그렇지, 내가 몰라서 그렇지 알고 보면 내 죄는 허공을 가득 채우고도 남는다고 말합니다. 이것이 온갖 잘못을 저지르고 온갖 상처를 남에게 주면서 자신은 아무 잘못도 없는 줄 알고 살고 있는 우리의 여실한 실상입니다. 그러니 점점 더 뻔뻔해지고 더 큰 상처를 남에게 줍니다. 그런 우리를 보고 자기 잘못을 알고 참회하라고 말하는 것입니다. 이런 이유로 우리는 아는 잘못 뿐만 아니라 모르고 지은 잘못도 참회해야 합니다. 아무리 내 기억에는 없어도 상대방이 힘들고 괴로워하면 참회해야 합니다.

　언제 참회하는가? 먼 뒷날이 아니라 상대가 괴로워하고 내가 나의 잘못을 알게 된 바로 지금 이 자리에서 참회해야 합니다.

어떻게 참회하는가? 먼저 부처님 앞에 참회하라고 합니다. 부처님은 세상에서 제일 높으신 분! 그리고 우리 모든 생명의 근원이신 분! 그분 앞에 참회하는 것입니다. 우리가 부처님 앞에 참회한다는 것은 근본 참회를 함과 동시에 우리의 자성이 원래 깨끗함을 아는 것입니다. 이것은 참회를 하되 죄의 노예가 되지 말라는 것을 뜻하기도 합니다. 우리는 조그마한 잘못에 자책하여 더 큰 잘못을 저지르고 결국은 패망의 나락으로 가는 사례를 종종 봅니다. 부처님 앞의 참회는 이런 더 큰 비극을 막아 줍니다. 본성에서야 죄의 자성이 없다는 것은 알았더라도 흔적은 남아 있습니다. 우리는 구체적 참회 행위(作法)를 통해 죄의 그늘에서 벗어나게 됩니다.

그런데 행원에서의 작법 참회는 밝은 행으로 어둠을 몰아내는 것입니다. 신세를 한탄하고 자신을 저주하며 학대하고, 어떤 누군가가 나를 죄에서 구원하기를 갈망하는 그런 참회가 아닙니다. 죄가 없는 그 자리에서 스스로 밝은 마음, 밝은 행을 지어 감으로써 저절로 죄가 사라지게 하는 방법입니다. 어둠은 어둠으로 사라지지 않으며, 오직 밝은 등불에 의해 저절로 사라집니다. 그러므로 우리는 깨끗한 마음, 밝은 생각, 밝은 말로 시방의 모든 부처님께 지극한 마음으로 섬기고 참회(誠心懺悔)하는 것입니다.

또한 참회를 한 이상, 다시는 같은 잘못을 되풀이하지

말아야 합니다. 그러한 참회를 통해 우리는 마침내 부처님 무량공덕 속에 머무르게 됩니다. 부처님 공덕 속에 머무르지 못하는 참회는 제대로 된 참회가 아니니, 참회를 진실로 여법하게 했다면 우리는 반드시 죄가 없는 청정 본성, 부처님 무량공덕의 그 자리까지 나아가야 하는 것입니다.

5 수희공덕(隨喜功德) – 같이 기뻐하다

왜 같이 기뻐하는가?
① 우리의 본 생명이 본래 하나이다
② 같이 기뻐함으로 하나가 된다
③ 희망과 용기를 얻는다
④ 기쁨을 주면 기쁨을 받는다
⑤ 법계는 본래 축제의 장

행원에서의 수희공덕
① 부처님의 출가와 성불을 기뻐한다
② 선지식의 공덕을 기뻐한다
③ 일체중생의 티끌만 한 공덕도 기뻐한다

수희공덕은 남의 기쁨을 같이 하는 것입니다. 남이 기뻐하면 시기하고 질투하는 것이 아니라, 내 일처럼 기뻐하는 것입니다. 우리는 같이 기뻐함으로써 하나가 됩니다. 아무리 사이가 안 좋더라도 상대의 기쁜 일을 내 일처럼 기뻐하면 친구가 되는 것입니다. 이러한 수희공덕의 수행은 본래 하나였지만 이해관계를 비롯한 갖은 이유로 갈라진 중생계를 하나로 다시 되돌리는 결과를 가져옵니다. '중생은 하나'입니다.

또한 남의 일을 내 일처럼 같이 기뻐해 주면 당사자는 더 큰 용기와 희망을 가지게 됩니다. 그리하여 미래를 충만한 자신감으로 맞이하게 되며, 따라서 불성 생명은 하루가 다르게 밝게 성장하는 것입니다.

그러나 단지 그 이유만으로 보현행자가 남의 일을 같이 기뻐하는 것은 아닙니다. 우리의 본래 생명이 기쁨이요, 이 법계의 본래 속성이 기쁨뿐이므로 그렇게 하는 것입니다. 이 법계는 본래 기쁨뿐입니다. 겉보기에는 온갖 고통과 고난, 비극과 슬픔이 난무하는 것 같지만, 우리가 사는 이 세상은 본래 '생명의 자리'입니다(우리도 부처님을 단순한 진리가 아니라 '영원한 생명의 자리, 영원한 생명의 부처님'으로 봐야 합니다). 생명의 축제가 사시사철 벌어지는 곳이 바로 우리가 사는 이 세상의 실제 모습입니다.

그리고 생명이 있는 곳은 기쁨뿐입니다. 영원한 생명의 자리! 온 만물이 마음껏 자신의 생명을 노래하는 자리! 이것이 온갖 모순과 고통, 생멸이 가득한 것 같은 우리 세상의 진짜 모습입니다. 우리는 그것을 알기에 한 중생의 티끌만한 공덕도 같이 기뻐하는 것입니다.

6 청전법륜(請轉法輪) – 연화보좌에 오르시는 부처님들

왜 법문을 청하는가?
① 법문을 청하지 않으면 법문이 들리지 않는다
② 일체중생이 깨닫는다
③ 청법은 내 자성의 법문을 듣는 것

행원에서의 청전법륜
① 일체중생에게 법문을 청한다 – 청법의 대상은 그만큼 광대함
② 갖은 방편으로 청한다
③ 청법을 멈추지 않는다

법문을 청하는 이유는, 청하지 않으면 법문이 설해지지도, 들리지도 않기 때문입니다. 아무리 노래를 잘 부르는 사람도 청중이 듣지 않으면 노래를 부를 수 없습니다. 그저 혼자 골방에서 흥얼거리는 것으로 끝날 뿐입니다. 무대를 마련해야 자신의 실력을 마음껏 화려하게 꽃피울 수 있습니다. 청전법륜은 이처럼 설법의 무대를 마련해 드리는 것입니다. 설법의 무대가 마련되지 않으면 아무리 깊은 공부를 하신 분이라도 법을 설하기가 어렵습니다. 선지식이 되어 고향 방문을 초대 받은 마조 스님이 마을 입구에 이르렀을 때, 스님을 알아 본 개울가의 늙은 할머니가 "나는 마조가 무슨 대단한 분인가 했더니 어릴 때 심부름이나 하던 꼬마가 아닌가?" 하고 비하하는 바람에 설법도 못 하고 곧바로 고향을 떠난 이야기는 청전법륜의 중요성을 말해 줍니다.

또한 법문은 청할 때 비로소 내 귀에 들려옵니다. 아무리 좋은 말씀, 아무리 긴요한 정보라 하더라도 내가 듣고 싶지 않으면 들리지 않습니다. 그러므로 내가 나의 모든 정성을 모아 법문을 청해야 하는 것입니다. 그러할 때 비로소 법문은 설해지며 법의 수레바퀴는 굴러가기 시작합니다.

　법문을 청할 때 우리가 잊지 말아야 할 사항 하나는, 청법은 일체중생에게 요청한다는 것입니다. 우리는 흔히 불교 공부한 자, 전문가들만 깨닫고 대단한 줄 압니다. 그러나 알고 보면 진실로 일체중생이 깨닫는 것입니다. 하늘도 깨닫고 구름도 깨닫고 시냇물도 깨닫는 것입니다. 산속 토굴에서 용맹정진 하는 선지식만이 아니라 시장 바닥에서 평생 나물을 팔아 온 할머니도 깨닫는 것입니다. 따라서 법문을 꼭 배운 이, 닦은 분들한테만이 아니라 비천하고 보잘것없어 보이는 분들에게까지 청해야 합니다. 그래야만 완벽하고 원만한 법을 우리가 들을 수 있습니다. 그것이 행원에서 말하는 청전법륜의 소식입니다. 그리고 일체중생에게 법문을 청할 때 비로소 중생은 중생의 자리에서 떠나 부처님 연화좌에 오릅니다. 모두 부처가 되는 것입니다. 끝으로 청법은 내 자성의 소리를 듣는 것입니다. 우리가 본래 부처이기 때문에 부처님 법문이 사무치게 내 가슴에 와 닿는 것입니다. 부처님 팔만 사천법문은 부처님의 소식이 아니라 사실은 중생의 소식이요, 따라서 남의 소식이 아니라 바로 나의 소식입니다.

7 청불주세(請佛住世) – 우리에게 오시는 부처님

왜 부처님의 머무름을 청하는가?
① 실지로 열반을 늦추신다
② 부처님을 우리 가슴에 오게 한다

행원에서의 청불주세
① 모든 선지식에게 청한다
② 영원히 열반에 들지 말기를 청한다

우리가 부처님께 주세를 간곡히 원하는 것은, 그런 청불주세(請佛住世, 깨달은 스승이 오래 세상에 머물기를 청함)의 원을 발하면 실지로 부처님이 열반을 멈추고, 우리 옆에 좀 더 오랫동안 머무시기 때문입니다. 생명은 생명의 끈을 놓아야만 사라집니다. 다만 놓기 싫은데 놓을 수밖에 없는 이가 있고, 자기 의지에 의해 스스로 놓고 싶을 때 놓는 차이가 있을 뿐입니다. 전자가 범부의 삶이라면 후자는 모든 불보살의 삶입니다. 따라서 삼세의 모든 불보살, 선지식들이 열반에 들려고 할 때면 간곡히 청불주세의 원을 발해야 합니다. 그래야만 그분들이 열반을 멈추고 좀 더 오래 우리 곁에 머물게 됩니다. 이는 틀림없는 사실이니 그렇게 믿고 따라야 합니다. 또 선지식뿐 아니라 부모님들에게도 적용됩니다. 선지식이 중생 행복의 원을 가지고 오신 분이라면, 부모 역시 자식이 행복해지는 서원을 품고 한 생을 살아왔기 때문입니다.

청불주세의 원은 마침내 모든 부처님을 우리 가슴에 오게 합니다. 부처님의 국토는 꼭 눈에 보이는 물질이 아닙니다. 우리의 밝은 마음, 밝은 행 모두가 부처님의 국토요, 부처님이 머무시는 곳입니다. 그러므로 부처님의 주세를 간곡히 바라는 마음은, 거칠기만 한 우리 마음에 부처님을 오시게 하는 것입니다. 그리하여 밤마다 밤마다 부처님과 함께 잠을 자고, 아침마다 아침마다 부처님과 함께 잠을 깨게 되는 것입니다.

8 상수불학(常隨佛學) – 부처님께 돌아가기

왜 부처님의 모든 것을 배워야 하는가?
① 모방은 학습의 기초
② 부처님은 완벽한 깨달음을 이루신 분

행원에서의 상수불학
① 구도에 대한 부처님의 정진을 배운다
② 곳곳에 나아간다
③ 갖은 방편, 원만음과 중생의 어린 욕심을 따라 줌으로써
　 중생 성숙을 배운다
④ 생각 생각 중에 부처님을 따라 배운다
⑤ 부처님의 모든 것을 배운다 → 부처님을 떠나지 않음

방글방글 웃기만 하던 아기는 엄마의 입을 통해 말을 배웁

니다. 한없는 사랑을 말하는 엄마 입의 움직임을 아기는 배우고 또 배워 마침내 말문이 터집니다. 모방은 모든 학습의 기초입니다. 모방을 통해 기본을 배우고 거기서 자기 자신만의 독특한 경계를 꽃피우는 것입니다. 우리가 부처님의 행을 남김없이 따라 배우는 것도 같은 이유에서입니다. 우리가 비록 서툴고 모자라더라도 부처님의 마음, 부처님의 행, 부처님의 삶 그대로를 따라 배움으로써 우리도 부처님처럼 살 수 있게 됩니다.

부처님을 따라 배울 때 중요한 것은, 부처님의 모든 것을 따라 배워야 합니다. 무슨 일이라도 대충 배우면 문제가 되듯, 부처님도 일부분만 따라 배우면 안 됩니다. 모든 것을 따라 배워야 합니다. 부처님의 모든 것을 배운다 함은, 부처님을 떠나지 않는 것을 뜻합니다. 우리는 언제 어느 때나 부처님을 떠나지 말아야 합니다. 부귀와 영화를 수미산처럼 준다 해도, 설사 하늘 같은 깨달음을 준다 해도 부처님을 떠나서는 안 됩니다. 진수성찬도, 무량한 즐거움도 부처님을 떠나서는 아무런 의미가 없습니다. 깨닫지 못해 무량겁을 번뇌 중생으로 떠돌더라도 부처님을 떠나서는 안 됩니다(아무리 돈이 많고 명예, 권력이 하늘을 찌르더라도 행복하지 못하면 아무 소용없듯, 부처님 나라로 가지 못하면 깨달음도 다 소용없습니다).

부처님을 떠나지 않으면 참 행복합니다. 부처님을 떠나지 않으면 번뇌도 갈등도 언젠가는 없어집니다. 또 부처님을 떠나지 않으면 영원한 진리, 영원한 행복은 반드시 옵니다. 그러므로 우리는 부처님을 떠나지 않음으로써 한사코 부처님 나라로 가야 합니다. 상락아정〔常樂我淨, 열반에 갖추어져 있는 네 가지 특성. 영원히 변하지 않는 상(常), 괴로움이 없고 평온한 낙(樂), 자유자재하여 걸림이 없는 아(我), 번뇌의 더러움이 없는 정(淨)〕이 물결치고, 온 중생이 성불하는 부처님 나라! 그 부처님 나라를 우리는 부처님을 떠나지 않음으로써 마침내 가게 되는 것입니다〔염불의 핵심도 갈앙심(渴仰心, 간절한 마음), 불이심, 불리심, 부처님을 떠나지 않는 것입니다〕.

부처님의 정진에서 보고 배우며, 갖은 방편과 원만한 마음 그리고 찰나에 소멸하는 그 염념(念念, 생각 생각)마다에 부처님을 보고 부처님을 따라 배우며 부처님을 떠나지 않는 것입니다.

9 항순중생(恒順衆生) – 꽃 피워지는 중생의 불성
왜 중생의 뜻을 따라야 하는가?
① 어리고 어리석으며 업장이 두텁기 때문이다
② 기다려 주지 않으면 열매를 맺지 못한다
③ 내가 지지 않으면 남이 이기지 못한다

행원에서의 수순중생
① 평등하게 수순

② 현실로 수순
③ 자비로 수순

수순(隨順, 중생의 뜻을 따르는 것)을 해야 하는 이유는 중생이 어리고 어리석으며 업장이 두텁기 때문입니다. 그러기에 가르쳐 줘도 알아듣지 못하고 말을 하면 오해만 쌓여 갑니다. 못 알아듣는 분은 어쩔 수 없습니다. 때가 될 때까지 기다려 줘야 합니다. 시간이 걸려서 그렇지 누구나 잠에서 깨게 되어 있습니다. 그때까지 별다른 일이 생기지 않도록 보호하며 기다려 주는 수밖에 없는 것입니다. 또한 생명은 한 번에 다 자라지 못합니다. 성숙하려면 시간이 걸립니다. 그러므로 일정 기간을 기다려 줘야 합니다. 기다려 주는 것! 그것이 수순입니다.

사람은 누구나 남에게 이기고 싶어 합니다. 뭇사람들이 고집을 꺾지 못하는 것도 그런 이유에서입니다. 내가 지지 않으면 남이 이기지 못합니다. 그러니 내가 져 주는 것입니다. 행원에서의 수순은 부처님께 항복하는(?) 것입니다. 내 모든 욕망, 나의 모든 교만이 부처님 앞에 그대로 무너지는 것입니다. 그렇게 무너진 나는 부처님 가피로 다시 태어나게 되니, 부처님의 지혜와 자비를 안고 중생 공양으로 나아가게 됩니다.

행원에서는 수순을 세 가지로 하라고 합니다. 첫째는

평등하게 수순하는 것입니다. 회향 편에서 다시 말씀드리 겠지만, 평등은 우주 성장의 끝입니다. 끝없는 윤회, 끝없는 성주괴공〔成住壞空, 모든 물질은 만들어지고, 머무르다 언젠가 무너져 없어지고 공(空)으로 돌아감〕은 온 만유가 평등해지기 위해 일어 나는 일입니다. 그러므로 우리는 수순을 할 때 조금이라도 차별의 마음, 분별하는 마음이 없어야 합니다. 내가 아는 사 람, 나에게 이익을 줄 사람에게는 더 잘 수순하고 별 볼 일 없는 낮고 비천한 이들에게는 함부로 대하는 그런 수순이 아닙니다. 또 어느 때는 잘 수순하고 어느 장소에서는 덜 수 순하는 것도 아닙니다. 일체중생에게 똑같은 마음, 똑같은 공경, 똑같은 자세로 수순하는 것입니다.

경에서는 중생을 수순하는 것이 바로 부처님을 수순하 는 것이며, 중생을 기쁘게 하는 것이 바로 부처님을 기쁘게 하는 것이라고 이야기합니다. 그러니 우리는 부처님을 수순 하기 위해 멀리 갈 것이 없습니다. 내 눈앞의 일체중생이 부 처님이요, 나를 핍박하는 직장 상사가 바로 나의 거친 마음 을 바로 잡기 위해 오신 화신 부처님입니다. 우리가 이렇게 만나는 일체의 사람들을 부처님으로 모시고 공양할 때 진정 한 수순은 이루어지는 것입니다(예수님도 굶주리고 병든 이들을 섬 기는 것이 바로 나를 섬기는 것이라 이르심).

두 번째 수순 방법은 '현실'로 수순하는 것입니다. 행원 은 현실에서 중생을 수순하라고 가르칩니다. 꿈같은 이상이나 장밋빛 미래의 약속으로 중생을 수순하는 것이 아니라, 지금 당장 현실을 행복하게 만들어 주라는 것입니다. 가령 아픈 이들에게는 의사가 되어 주며, 길 잃은 자에게는 길을 가르쳐 주고 어두운 밤에는 밝은 등불이 되며 가난한 이들에겐 무한한 재물을 가져다주는 것입니다. 불교는 이처럼 현실적인 가르침입니다. 먼 미래의 행복을 담보로 지금의 고통을 감내하라는 것이 아니고, 지금 당장 행복하게 살아라! 하는 것입니다. 구원과 해탈은 먼 미래의 일이 아니요 지금 이곳 이 자리, 바로 나의 소식입니다. 미래에 일어날 구원이 현재에는 왜 못 일어나겠습니까? 우리는 그런 각오로 중생을 기필코 현실로 수순하고 공양해 나가야 합니다.

끝으로 행원의 수순은 자비의 수순입니다. 자비심으로 수순하는 것입니다. 수순 이후의 행원품은 모두 자비 실천 이야기로 끝납니다. 자비 실천이 그만큼 중요하며 자비의 완성이 바로 화엄의 완성이요, 깨달음의 끝인 것입니다. 그러므로 진정으로 깨달았다면 반드시 자비심이 나와야 하고 반드시 자비행으로 나가야 합니다. 이것은 의심의 여지, 논란의 여지가 없는 사실입니다. 《법화경》에서 수기를 받은 사리불은, 아라한이 수행의 끝인 줄 알았던 자신의 착각을 그제야 깨닫고 회한의 눈물을 흘립니다. 아라한이 끝이 아니라 중생 공양이 끝이며, 깨달음이 끝이 아니라 자비의 완성이 끝인 것을 몰랐던 것입니다.

자비란 무엇인가? 생명을 살리는 마음입니다. 깨달음이란 무엇인가? 일체 만물이 생명 자리임을 아는 것입니다. 따라서 진정한 깨달음은 자비행으로 나갈 수밖에 없습니다. 그러므로 지혜의 완성은 자비행으로 끝난다고 모든 부처님이 설하시는 것입니다. 《금강경》에서 보리심을 낸 이가 어디에 마음을 머물러야 하느냐는 수보리의 질문에 부처님이 '일체중생을 제도하리라!'라는 마음을 내라고 말씀하신 것도 그런 이유에서입니다.

또한 반야바라밀은 바로 보현행입니다. 관자재보살은 일체중생을 섬기고 공양하는 보현행을 통해 깊은 반야바라밀을 행하게 되고, 그리하여 모든 것이 허망하고 공함을 알아 일체의 고액을 벗어나게 되는 것입니다. 생명의 본래 자리가 불생불멸이요, 불구부정임을 깨닫게 된 것입니다.

보리(菩提)는 속어중생(屬於衆生)이라! 진정한 공부는 중생 속에서 이루어집니다. 중생을 떠난 공부, 깨달음은 향기도 없고 힘도 없습니다. 중생을 떠난 공부는 신기루 같은 것이라, 평소에 도인 행세하기는 좋아도 중생의 고난을 물리치고 바른 길로 이끌어 줄 수 있는 힘이 없습니다. 어려울 때 남을 도와 줄 수도 없을 뿐 아니라 스스로도 헤쳐 나갈 힘이 없습니다. 따라서 중생의 물결 속에 사바의 물결 속에 뛰어들어 그 속에서 이루어진 공부가 진짜 공부입니다. 학교 선생님이 참된 선생님으로 태어나는 것도 교육현장에서

학생들과 부대끼면서이고, 고통 받는 환자, 죽어가는 환자 옆에서 밤을 지새우며 같이 아파하면서 풋내기 의대 졸업생은 진정한 한 명의 의사, 한 명의 전문의로 성장해 나가는 것입니다. 학생이 없으면 참된 스승도 없고, 환자가 없으면 진정한 명의가 탄생할 수 없듯, 중생이 없으면 그 어떤 보살도 보리를 이룰 수 없습니다. 그러므로 '깨달음은 중생에게 속한 것'입니다.

'보현의 자비'의 세 가지 특징
① 주는 자비. 능동적 자비
② 지혜의 자비
③ 슬픔의 자비

행원의 자비는 '주는 자비'입니다. 고난에 빠져 가피를 구하고 가엾게 남의 도움을 기다리는 그런 피동적 자비가 아니라, 내가 보현이 되고 내가 자비의 보살이 되어 일체중생을 해탈하게 하고 행복하게 만들어 주는 능동적 자비입니다. 또한 진정한 자비는 지혜에서 나와야 하는데 보현의 자비는 바로 지혜의 자비입니다. 지혜가 동반된 자비이므로 완벽한 중생 제도가 이루어집니다. 보현혜행이라! 보현행을 하면 밝아질 수밖에 없습니다. 우리는 예경제불부터 상수불학까지의 원행으로 밝아진 지혜와 함께 자비행으로 나아가는 것

입니다.

끝으로 보현의 자비는 슬픔의 자비입니다. 밤새 퍼붓는 빗물이 가뭄 끝의 모든 대지에 스며들어 만물을 다시 꽃피우듯, 보살은 슬픔의 눈물로 모든 가엾고 어린 중생들의 아픔과 상처를 덮고 아물게 하여 마침내 다시 찬란한 생명으로 태어나게 합니다. 그러므로 경은 '대비(大悲, 중생의 괴로움을 자신의 것으로 여기는 그지없이 넓고 큰마음)의 물로 중생을 따를 때 무상의 깨달음을 얻는다' 라고 말하는 것입니다.

10 보개회향(普皆廻向) – 깨달음을 중생 속으로!
왜 회향하는가?
① 회향은 일체중생을 평등하게 만든다
② 깨달음을 중생 속으로 나누는 것

행원에서의 회향
① 수행의 모든 공덕을 중생에게 돌린다
② 회향의 종점은 일체중생의 해탈과 성불
③ 회향의 도구는 보현행 그 자체

우주는 끝없는 성장과 성주괴공을 되풀이합니다. 그 이유는 '평등'입니다. 우주에 떠 있는 수많은 별, 그리고 그 많은 성간 물질에 이르기까지 모두가 평등해지기 위해 우주는 끝없는 성주괴공을 되풀이하는 것입니다. 인간사에서 견디기 제일 힘든 것이 고독이라고 하는데, 이런 고독도 평등하지 않기 때문에 옵니다. 더운 바람 찬 바람이 섞이는 것도 우주의 본성이 평등을 지향하기 때문입니다. 상대적 빈곤이 고통스러운 이유도 평등이 아니기 때문입니다.

《화엄경》은 평등 선언으로 끝납니다. 선재동자는 이 법계가 본래 평등한 것을 알기 위해 그토록 오랜 기간 동안 구도 여행을 떠났던 것입니다. 53인의 선지식을 모두 만난 선재는 비로소 알게 됩니다. 선재와 보현이 평등하고, 선재와 삼세제불이 평등한 것을! 서원이 평등하고 법계가 평등하고 자비가 평등한 것을! 그리고 일체 만물이 평등한 것을 선재는 종국에야 뼈저리게 깨닫습니다. 그리고 그때 이 국토는 화엄 국토가 되어버립니다.

회향(廻向)이 중요한 이유는, 회향이 일체중생을 평등하게 만들기 때문입니다. 불평등하기 그지없는 이 세상은 회향함으로써 즉각 대 평등 속으로 들어갑니다. 행원에서의 회향은 깨달음을 일체중생에게 나눠 드리는 것입니다. 그리고 그 회향의 도구는 바로 보현행입니다. 공양으로 회향하며 서원으로 회향하고 찬탄으로 회향하며 선근으로 회향하는 것입니다. 그런데 그냥 회향하는 것이 아니라 보현의 원력으로 회향합니다.

우리는 행원을 시작할 때 보이지 않고 믿어지지 않는 행원을 '보현의 원력'을 빌어서 시작했습니다. 그리고 이제 우리는 보현의 원력을 안고 다시 중생 속으로 되돌아가는 것입니다. 중생 속으로 되돌아간 행원은 다시 회향에 이르고, 회향에 이른 행원은 다시 중생으로 돌아가, 허공계가 다하고 중생계가 다할 때까지 중중무진, 끝없이 되풀이됩니다. 그리하여 끝없는 보현의 행원 속에 어둠은 사라지고 예토는 정토로, 황량하기 그지없던 이 땅은 화엄으로 변하며, 일체중생은 고통에서 벗어나 해탈의 세계로 가게 되는 것입니다.

6장

실천 보현행원

1 공경, 찬탄 있는 곳이 바로 행원 수행

많은 분들이 행원에서 저지르는 실수가 '행원을 따로 찾는 것'입니다. 그래서 기도, 참선 등을 할 때 바로 행원으로 연결시키지 못하고 기도, 참선 등을 '먼저' 하고 행원을 '나중에 따로' 하는 것으로 미룹니다. 이는 잘못된 생각으로, 수행과 행원이 이처럼 '따로 국밥'이 되어서는 안 됩니다. 우리 삶 우리 수행 모든 것이 행원의 실천 터가 되어야 합니다. 가령 불교를 믿는 분은 불교 수행 자체가 행원의 실천이 되고, 일반인은 세속의 삶 자체가 행원 실천의 도량이 되는 것입니다. 그러므로 행원을 한다고 지금까지 하던 수행을 팽개치고 나중에 다시 행원을 찾을 필요가 없습니다. 수행하는 이 자리가 바로 보현행원이 이루어지는 자리가 되게 해야 합니다.

참선을 예로 들면 깨치려 참선하는 것이 아니라 부처님 공경하고 부처님 찬탄, 공양하는 자리가 되도록 하는 것입니다. 참선(또는 화두나 깨달음)을 부처님께 공양 올린다는 마음으로 하면 참선이 바로 '보현행원참선'이 됩니다. 또 절이나 기도를 할 때도 업장 참회나 내 소망의 성취가 아니라 나의 절, 나의 기도가 간절한 부처님 공경 공양으로 가득 찰 때 바로 '나의 절 한 번, 기도 한 번'이 보현행원이 됩니다. 참선할 때 '참선보현행원', 염불할 때 '염불보현행원' 그리고 삶은 '삶이라는 보현행원'이 되는 것입니다. 용수보살은 "공경심으로 하는 염불이 최상의 염불"이라 이르시는데, 그렇게 보면 바로 보현행원으로 하는 염불이 최상의 염불인 셈입니다. 이처럼 세상 모든 것에서 보현을 보는 것이 보현행원 수행입니다. 이렇게 '따로' 보현행원을 찾지 않는 것은 매우 중요합니다. 왜냐하면 이런 마음이 결국 이분법의 소멸로 이어지기 때문입니다. 불교에서는 분별, 한 생각(一念)의 소멸을 굉장히 강조합니다. 그런데 행원은 삶에서도 보현행원, 수행에서도 보현행원이 되어 언제 어디서나 보현의 자리에서 모든 것이 펼쳐집니다. '따로 무엇이 없는 것'이니 이는 바로 '이분법의 소멸'을 뜻합니다. 그렇게 이분법이 소멸되는 자리에 비로소 법계는 제 모습을 드러내니(海印三昧) 모든 것이 있는 그대로(如實智見, 般若) 보이게 됩니다. 일체의 분별상이 사라지니 주관과 객관이 사라지고 언제나 또렷한 일원상의 자리에서 세상을 보고 세상을 살게 됩니다.

부처님은 항상 정(定)에 드신 상태이셨지만 행원은 언제나 원에 사무칩니다. 부처님을 언제나 사모하고 염(念)하지만 행원에서는 부처님과 나를 분별하는 상이 없으니(供養於十方 無量億如來 諸佛及己身 無有分別想), 부처도 중생도 마음도 언제나 하나입니다(心佛及衆生 是三無差別).

2 보현행원은 자연히 밝아지는 수행법

보현행원 수행법
① 발원 : 구체적 원을 세운다
② 《보현행원품》독송
③ 일상에서 '고잘미섬모' 실천

행원 수행에서 중요한 것은 첫째, '원이 있어야 한다(先立淸淨願)'는 것입니다. 먼저 분명하고 확실한 원이 있어야 공부가 흔들리지 않고 염념이 바르게 지속될 수 있고 공부도 흔들리지 않습니다. 둘째, 모든 것이 공경 찬탄 공양의 자리에서 나와야 합니다. 수행이든 삶이든 그것이 공경, 찬탄의 도구 또는 공경, 찬탄의 행이 되어야 하는 것입니다. 즉 '수행 따로 보현 따로'가 아니라 수행이 바로 보현행의 실천 수단이요, 삶 자체가 보현행이 펼쳐지는 도량이어야 한다는 것입니다. 이런 전제 아래 다음과 같이 구체적으로 행원을 지어나갑니다.

첫째, 공부(수행)에 들어가기에 앞서 발원을 합니다. 발원은 종이에 미리 써놓고 읽는 것이 좋습니다. 둘째, 《보현행원품》을 읽습니다. 물론 《금강경》 등 다른 경전을 공경, 찬탄하는 마음으로 읽어도 되지만 가능한 한 《보현행원품》을 독송하도록 합니다(행원품 대신에 이 책의 부록 〈보현행자의 서원〉과 〈보현행원송〉을 읽어도 됩니다). 물론 여기에 더해 절을 하고 싶은 분은 절을, 염불을 하고 싶은 분은 염불을, 참선을 하고 싶은 분은 참선을 하되 공경 찬탄 공양의 마음으로 합니다. 발원과 《보현행원품》 독송을 한 후에 지금까지 하던 수행을 단지 공경 찬탄 공양의 마음으로 하면 되는 것입니다. 나의 수행을 보현행원으로 일종의 리모델링 하는 셈입니다.

행원 수행에서 행원품 독송은 매우 중요합니다. 행원은 다른 일반 수행법과 달리 특별한 수행법이 따로 없습니다. 특별히 보현행원 수행법이라 부를 만한 유일한 수행법은 그저 보현의 원을 언제나 맹세하며 《보현행원품》 독송을 하는 일입니다. 《보현행원품》은 그 자체가 매우 정교하게 공덕을 이루게끔 구성되어 있으므로 행원품을 매일 읽는 그 자체가 마음을 정화시키고 보현의 행원을 몸에 익게 합니다. 행원품은 일종의 노래이기 때문에 행원품을 읽는다는 것은 노래를 부르는 것과 같습니다. 그렇게 행원의 노래를 매일 부르다 보면 나도 모르게 마음이 밝아지고 일상이나 불교 수행에서도 보현의 원행이 나오게 됩니다.

셋째, 일상에서 '고잘미섬모(고맙다, 잘했다, 미안하다, 섬기고 모시겠습니다)'를 실천합니다. 세상 모든 일, 모든 곳에서 행원을 하는 것입니다. 그러면 경전 말씀처럼 일체 유정 무정이 모두가 부처님으로 다가오는 것(一圓相)을 느낄 수 있습니다 (이때 늘 부처님을 생각하며 찬탄 공경 공양하는 마음을 잊지 않습니다).

이상에서 보듯 보현행원 수행법은 특별한 게 없습니다. 일반 불교 수행을 떠나 따로 어떤 특별한 수행법이 있는 게 아닙니다. 삶도 마찬가지니, 일상 삶을 떠나 따로 무슨 특별한 보현행원의 삶이 있지 않습니다. 이와 같이 여기 있는 그자리에서 단지 수행이나 삶을 짓는 마음의 관점만 바꾸는 것이 보현행원 수행법입니다. 따라서 다시 강조하지만, 일상 수행을 떠나 따로 무슨 보현행 수행법을 찾으면 안 됩니다. 지금까지 하던 수행 그대로 하며 단지 마음가짐만 바꾸면 됩니다. 그것이 행원 수행의 핵심입니다. 모든 것을 원을 가지고 공경, 찬탄, 공양의 자리에서 지어가는 것입니다.

화엄세계 역시 따로 있는 게 아닙니다. 부처님이 성도하시고 보니 당신이 있던 세계 그대로가 본래 화엄세계였듯, 우리가 사는 이 세계가 본래 화엄세계요 행원이 펼쳐지는 도량입니다. 화엄이나 행원이 어디 다른 데 있는 것이 아니라 다만 우리가 세상을 보는 관점(普賢眼)과 사는 방식이 바뀌는 것뿐입니다. 그래서 우리가 보현행원의 눈으로 세상을 보고 보현행원으로 삶을 바꾸니, 이 세계가 본디 화엄임을 알고 또 실지로 이 세계가 본래 차별이 없고 본래가 모두 존엄한 화엄세계로 변해 가는 것이 행원이 일러주는 해탈경계입니다. 보현의 행원으로 우리 눈이 중생 안에서 불안(佛眼)으로 바뀌며, 깊은 의식(아뢰야식)의 대전환이 일어나고 삶에서 대립과 갈등이 사라지며 예토가 절대 존엄 절대 장엄의 화엄세계로 바뀌어 가는 것입니다. 이것이 또한 해인삼매, 화엄법계의 비밀(?)이기도 합니다.

이것이 제가 정리한 보현행원 수행의 핵심입니다. 대근기(大根器)는 몰라도, 범부는 이 방법이 제일 쉬울 것입니다. 깨달으려 하지 말고 수행하려고도 하지 말고, 뭘 알려고도 하지 말고 무슨 복을 구하지도 말고 오로지 이렇게만 하면 됩니다. 그러면 자연히 밝아집니다. 그리고 세속과 진리 세계에 안목이 저절로 열립니다. 경을 읽어도 무슨 뜻인지, 옛 스승님의 가르침을 봐도 그것이 무엇을 설하려 한 것인지 알고, 세속에서도 보이는 것에 속지 않고 보이는 너머의 세계까지 보게 됩니다. 즉 통찰력이 생기는 것입니다. 그리고 일상에서 우환이 사라지고 병을 앓는 분은 병에서 벗어나며 가는 곳 있는 곳마다 대립, 갈등이 사라지고 모두가 화합하고 조화를 이루니, 고려시대 중국 황제를 놀라게 했던 균여 대사의 〈보현십원가〉의 소식이 옛일이 아니라 바로 오늘 우리들의 이야기인 것입니다.

3 보현행원 수행에 도움 되는 4가지
1) 고맙다, 잘했다, 미안하다, 섬기고 모시겠다(고잘미섬모 실천)

- 고맙다!(禮敬諸佛)
세상은 늘 고마운 일뿐입니다. 우리가 단지 그것을 모르고 살고 있을 뿐, 세상은 늘 일체중생의 공덕으로 가득 차 있습니다. 끼니마다 정성을 다해 차려 주시는 어머니의 노고도 고맙고, 그것을 맛있게 먹고 무럭무럭 자라주는 아이들도 고맙습니다. 비록 장사를 위해서겠지만 열심히 좋은 음식으로 우리의 배고픔을 해결해 주는 식당 주인도 고맙고, 그 많은 식당 중에 우리 식당을 찾아준 손님 역시 고맙습니다.

우리는 흔히 주는 사람, 베푸는 사람만 은혜롭다고 생각하기 쉽지만, 받는 사람도 똑같이 은혜롭습니다. 이를 모르고 우리는 내가 주인이니까 또는 내가 손님이니까, 하면서 나의 고마움을 강요하곤 합니다. 그러다 보니 사소한 일에도 시비가 붙고 다툼이 일어나곤 합니다. 언제나 우리는 모든 이들에게 '고맙다'라는 감사를 드릴 일입니다.

- 잘했다!(稱讚如來)

모든 사람들의 어떤 일도, 잘하지 못한 일은 없습니다. 설사 내 보기에 남들에게 미흡한 부분이 있더라도, 그것은 어디까지나 내 기준이지 그분들이 못한 것은 아닙니다. 비록 아는 게 적고 솜씨가 서투르고 어리석어 꾀를 좀 부린 것뿐이지, 남들은 다 자기 나름대로 어느 정도는 성의를 보인 것입니다. 그러니 그분들을 탓할 필요가 전혀 없습니다. 그런데 그것이 내 기분에 맞지 않다고, 내 성에 차지 않는다고 상대를 무시하고 야단치며 허물을 보기도 합니다. 실상을 알고 보면, 이 세상 어느 중생도 못하는 일이 없습니다. 모두 잘한 일뿐입니다. 그럼에도 불구하고 험한 말을 듣는 것은, 내 기대가 너무 크고 또한 아직은 크게 성숙하지 못한 그분들의 한계 때문입니다. 그러니 우리는 어느 중생이 무슨 일을 하든 '잘했다' 하고 인정해 주고 너그러이 그분들의 허물을 덮어 주는 마음가짐이 필요합니다.

비록 내가 보기에 성의가 덜하고 매사에 부족하더라도 그래 잘했다, 너 참 애썼다, 이렇게 상대를 인정하고 칭찬해 주면, 사람은 모두가 만물의 영장이요 모두가 본래 부처라! 비록 악의가 있고 제대로 잘하지 못했다고 하더라도, 그분은 본인의 허물을 스스로 뉘우치고 더 나은 모습으로 우리에게 다가옵니다. 그리고 스스로 위축된 마음을 풀고 자신의 능력을 마음껏 발휘하게 됩니다. 그러니 우리는 어떤 일에, 잘못한 것만 보려 하지 말고 잘한 것을 보는 습관을 기르고 매사에 칭찬하고 찬탄하는 마음을 길러야 합니다.

– 미안하다!(懺悔業障)

우리는 늘 '잘한' 마음으로 살아가기 쉽습니다. 그래서 부모에게, 자식에게, 남편에게, 아내에게, 그리고 동료 사이에 '나는 할 만큼 했다'며 상대의 섭섭함을 이해하거나 인정하려 들지 않습니다. 늘 스스로 잘했다는 마음뿐입니다. 그러니 서로의 억울함이, 갈등이 걷힐 수가 없습니다. 그러나 '미안하다'라는 말을 할 때, 우리를 그토록 아프게 했던 모든 일들이 거짓말처럼 사라지게 됩니다. 그렇게 우리를 괴롭혔던 눈보라, 비바람도 사실은 나를 돕고 나를 성장시키려 했던 자비로운 자연의 섭리에 지나지 않습니다. 술 그만 먹어라, 담배 피우지 말라는 아내의 극성(?)은 알고 보면 나의 건강을 지키고 좋은 남편, 좋은 아버지가 되게 하려는 아내의 눈물어린 정성이 아닐 수 없습니다. 그런데 그것을 모르고 비바람 눈보라를 원망하고, 남편의 자유를 구속하는 못된(?) 아내로 생각하여 수많은 시간을 마음 아프게 했던 것입니다. 그러니 알고 보면, 매사가 나의 오해와 무지에서 비롯된, 미안한 일들 아닌 것이 없습니다.

또한 미안한 마음은, '나'라는 아상(我相)이 없는 마음입니다. 미안하다고 할 때 내 잘난 마음은 어디에도 없습니다. 내 잘난 마음이 없고 '나'라는 아상이 없어질 때, 우리 사이를 덮었던 그 깊은 먹구름은 서서히 걷히기 시작합니다. '미안하다'는 말 한마디가 모든 업장을 녹이는 것입니다.

'고맙다, 잘했다, 미안하다' 이 세 마디는 이렇듯 소중합니다. 단순한 몇 마디가 우리 모두를 따스하게 변모시킵니다. 그리고 혹시나 생길지 모르는 갈등, 오해, 미움을 사전에 막아 줍니다. 또한 이 말들은 보현행원의 기본 요소(공경, 찬탄, 참회)들입니다. 말할 수 없이 크나큰 부처님의 공덕 바다로 들어가는 보현행원은, 엄청난 수행이 아니라 이렇듯 쉽고 소박한 마음으로 시작됩니다.

- 섬기고 모시겠다(廣修供養, 隨順衆生)

앞의 세 마디 말과 함께 늘 마음속에 '섬기고 모시겠다'는 마음을 가지는 게 중요합니다. 섬기고 모시는 것은 '광수공양'의 다른 버전으로, 특히 중요한 이유는 이 마음이 바로 '발원'으로 이어지기 때문입니다. 고맙다, 잘했다, 미안하다는 세 마디는 발원과는 거리가 좀 있습니다. 물론 감사하겠다, 찬탄하겠다, 참회하겠다고 마음을 먹는 것도 원이 되지만, 섬기고 모시겠다는 마음만큼 직접적이고 강렬하지는 않습니다. 그리고 그렇게 외침으로써 우리는 기본 보현행원을 늘 일상에서 실천하게 됩니다.

주의할 점은 고마움, 칭찬, 참회, 섬김은 그러지 못할 대상과 일까지 닿아야 하는 것입니다. 고마운 일은 물론, 고맙지 않은 일까지 고마워할 줄 알아야 비로소 보현행원의 고마움에 닿는 것입니다. 칭찬도 마찬가지로, 칭찬하지 못할 일까지 칭찬, 찬탄이 나와야 합니다. 그러기 위해서는 칭찬할 만한 일에 당장 칭찬을 해야 합니다. 그럼으로써 우리는 칭찬 못할 일까지 칭찬을 하게 됩니다. 유위법으로 무위의 세계에 가는 것입니다. 이 거친 사바세계에서 공경하고 감사하고 찬탄하고 섬기기가 어찌 쉬운 일이겠습니까! 그러니 다 아는 이야기, 너무 쉬운 일이라 쉽게 생각하지 말고 저 광활한 행원의 바다로 실지로 그렇게 뛰어들어갑시다.

2) 부처님을 그리워하라 – 불성을 살리는 길

모든 공부는 그리워하는 데서 시작됩니다. 그리움은 세상사에 거칠어진 우리 마음을 맑게 하고 잃어버렸던 어린 시절의 너그럽고 순수하던 마음을 찾게 하며, 언제나 본래 생명, 언제나 우리의 근원으로 돌아가게 합니다. 명곡으로 남아 있는 노래들은 대다수가 그리움을 불러일으키는 노래들이며, 명화나 명작 역시 그리움이 진하게 스며있는 작품들이 주를 이룹니다. 그리움은 그만큼 모든 사람들을 성숙시켜, 일체의 갈등을 잠재우고 맑았던 마음으로 되돌아가게 합니다. 또한 중생은 그리움으로 성장하니, 일체중생이 건강하게 자라는 것도 어머니를 그리워하기 때문입니다.

부처님 공부도 마찬가지입니다. 부처님을 사무치게 그리워하고 보고 싶어 하는 마음이, 우리에게 보리심을 일으키고 정진을 일으킵니다. 그리하여 우리는 그리움으로 보리를 이루고 그리움으로 부처님 곁에 가는 것입니다.

그런데 평상시 그리워하는 마음이 전혀 없던 분들이 그리움을 일으키는 것은 쉽지 않습니다. 그럴 때는 그냥 "부처님, 보고 싶습니다! 부처님 그립습니다!"라는 말을 매일 하도록 합니다. 말은 창조적 능력이 있어, 자꾸 하다 보면 언젠가부터 잊어버렸던 그리움이 마음에 살며시 찾아오게 됩니다. 그렇게 그리움을 찾게 되고 잊어버렸던 우리의 불성도 다시 살리게 됩니다. 님 그리는 마음은 일체중생이 하나입니다. 피부색을 떠나 남녀노소, 종교를 떠나 심지어 축생 미물, 산하대지까지 모두 하나입니다. 번성하고 싶고 행복해지고 싶은 마음은, 오지 않고 보이지 않는 님을 그리게 됩니다. 그리워하는 마음이 이는 순간, 푸른 산도 푸른 달도 푸른 강도 푸른 해도 모두 모두 나의 님이 되고, 우리는 님을 통해 성장하고 님을 통해 하나가 되어 갑니다. 그럼에도 님이 내게 고통을 주는 것처럼 보이는 것은, 님이 나를 사랑하지 않아서가 아니라 그만큼 나의 번뇌가 깊기 때문입니다. 얼핏 보면 님이 우리를 사랑하지 않고 괴롭히는 것 같지만, 사실은 님의 사랑이 아닌 것이 없습니다. 그런데도 우리는 님이 나를 사랑하지 않는다고 지레 생각하여 쉽게 포기하고 그 깊은 사랑을 원망과 한숨으로 받아들입니다.

하지만 알고 보면 그 많은 잠 못 들던 날들이, 모두 님의 사랑 아닌 것이 없습니다. 님의 사랑은 겁 이전의 소식입니다. 님은 나를 한없이 사랑하건만, 어리석은 우리는 님의 사랑이 들리지도 보이지도 않는 것입니다. 우리는 그리움을 통해 이런 오해와 어리석음에서 벗어나 한없는 님의 사랑에 눈뜨게 됩니다. 다음은《화엄경》의 게송입니다.

번뇌가 지혜의 눈을 가리어	塵垢障慧眼
깨달으신 부처님 보지 못하고	不見等正覺
무량무수한 오랜 겁 동안	無量無數劫

나고 죽는 바다를 헤매고 있네.	流轉生死海

한없는 오랜 겁 동안	所以無量劫
갖가지 고뇌를 받으며	受此衆苦惱
나고 죽는 가운데를 흘러 온 것은	流轉生死中
부처님 이름을 못 들었기 때문이네.	不聞佛名故

편안히 받으리라 무량의 고통을	寧受無量苦
부처님 음성을 들을 수 있다면	得聞佛音聲
받지 않으리라 일체의 즐거움을	不受一切樂
부처님 이름 들을 수 없다면.	而不聞佛名

3) 늘 부처님과 대화하라 – 대화는 부처님 공양의 지름길

늘 부처님과 대화합니다. 좋은 일 궂은일을 모두 부처님께 일러(?) 바칩니다. 내 마음에 있는 기쁨, 걱정, 어두운 생각 생각을 모두 부처님께 말씀 드리는 것입니다. 이렇게 대화를 하는 것은 언제나 부처님을 떠나지 않고 마음이 부처님을 향하게 하고 보리심을 잃지 않도록 합니다.

사랑하는 사람끼리 어디를 가나 서로의 마음을 잃지 않는 것은 마음이 늘 서로에게 향하고 있기 때문입니다. 그리고 그 좋은 수단이 바로 대화입니다. 보고 싶고 그리운 마음에 연인들은 어디를 가 있어도 서로 대화를 나눕니다. 요즈

음은 핸드폰이라는 문명의 이기가 있어 문자로 대화를 나누지만, 그런 것이 없던 예전에도 연인들은 수없이 많은 대화를 나누었습니다. 마음으로, 그리움으로 말입니다. 하늘에 떠가는 흰 구름을 보고도 당신 생각에 이름을 불러보고, 이름 모를 들꽃을 보아도 아름다운 당신 생각에 그리움이 사무칩니다. 그러니 아무리 떨어져 있어도 서로의 마음은 떠날 날이 없습니다. 금슬 좋은 부부 역시 오순도순 대화가 떠날 날이 없습니다. 서로 안 보면 사이가 멀어진다고 하지만 대화가 끊이지 않는 연인, 부부는 아무리 떨어져 있어도 아무 문제가 없습니다. 늘 같이 있는 것과 같습니다. 이렇게 대화는 서로를 이어줍니다(대화가 끊어진 부부, 연인은 문제가 생길 여지가 많습니다. 청소년 문제도 부모자식 간의 대화 단절이 주된 이유 중의 하나입니다).

부처님도 마찬가지입니다. 좋은 일 궂은일, 좋은 생각 궂은 생각 떠오를 때마다 낱낱이 부처님께 바치고 연인처럼 부부처럼 부처님과 오순도순 얘기를 나눕니다. 부처님과 나누는 대화는 우리를 부처님으로부터 떠나지 않게 합니다. 부처님과의 대화는 우리 마음속의 모든 것을 부처님께 쏟아 놓는 것을 뜻합니다. 무엇이든 가지면 착(着)이 되고 병이 됩니다. 소위 화병도 마음속 아픔을 풀지 못해 일어납니다. 따라서 마음속 모든 것을 가지고 있지 말고 털어 놓아야 합니다. 기쁨도 슬픔도 환희도 고뇌도, 일마다 모두 부처님께 낱낱이 말씀드리고 나누는 것입니다.

　　일반적으로 제일 답답한 일 중의 하나가 하고 싶은 말을 못 하는 것입니다. 그런 분들에게 말할 기회만 드려도 그분들의 고통은 한결 가벼워집니다. 그렇지만 우리는 말 많은 분을 별로 탐탁하게 생각지 않습니다. 여러 이유가 있지만, 근본적으로 우리는 남의 말을 듣기보다는 내 말 하기를 더 좋아하기 때문입니다. 그래서 기회만 있으면 남의 말을 막고 자기 말만 하려 듭니다. 그러다 보니 다툼이 일어나고 불만은 쌓여갑니다.

　　그런데 부처님은 이런 일이 없습니다. 한 말씀도 하지 않고 오로지 중생의 말씀을 들으시려고만 하는 분이 부처님입니다. 따라서 우리는 부처님께 일방적으로 말씀만 올리면 됩니다. 우리가 무슨 말을 하던 부처님은 한마디 불평 없이 모든 것을 들어 주십니다. 부처님께 우리는 무슨 일이든 모두 말씀 드리고, 기쁨도 슬픔도 모두 부처님과 함께 하는 것입니다. 이런 대화는 부처님께 모든 것을 바치는 '광수공양'의 지름길입니다.

4) 부처님께 바쳐라 – 공양 및 염불

마침내 우리의 그리움, 대화는 부처님 공양으로 이어지니, 부처님을 그리워하고 대화하며 모든 것을 부처님께 바칩니다. 나의 고뇌, 근심 걱정은 모두 부처님께 바치고, 우리는 오로지 부처님 원력의 바다에 뛰어들어 고해의 물결을 헤쳐 가는 것입니다. 그리움을 바치고 대화를 바치며 내 마음의 생각 생각을 모두 바치도록 합니다. 부처님은 세상에 둘도 없는 부자이시라 우리에게 요구하는 것은 재물이나 번쇄한 지식이 아닙니다. 맑은 보리심, 세상사 근심 고뇌가 부처님이 가장 좋아하시는 공양구입니다. 그러므로 우리는 모든 것을 부처님께 바치고 공양 올리는 것입니다.

바치는 법도 아주 쉽습니다. 마음에 이는 모든 생각, 바람을 부처님께 말씀 드리면 됩니다(대화). 그런 후 그 자리에 대고 염불을 하면 더욱 좋습니다. 염불은 한 번도 좋고 열 번도 좋습니다. 내 마음에 어두운 그림자가 사라질 때까지 몇 번이고 그 자리에 대고 염불을 합니다. 이것은 백성욱 박사님이 특히 강조한 방법으로, 백 박사님 역시 화엄의 보현행원 사상을 일반인들이 좀 더 쉽게 실천할 수 있도록 그 핵심을 저희들에게 알려 주신 것으로 생각됩니다. 또한 절도 바치는 데 아주 좋은 방법입니다. 일배 일배에 사무친 나의 마음을 바칩니다.

고뇌가 있는 그 자리, 근심 걱정 가득한 자리가 바로 공부할 자리요, 부처님 공양 올릴 자리입니다. 원을 공양 올리고, 번뇌를 바칩니다. 장애, 고난, 어둠이 있는 바로 그 자리에 나의 지극한 희망, 나의 지극한 마음을 바치는 것입니다.

또한 그렇게 바치는 속에 온 누리 가득한 부처님의 무

량한 공덕과 가피를 생각합니다. 눈앞에 무량수(無量數) 부처님이 사방에 가득 밀려오시며, 나의 부처님이 조금도 다르지 않구나, 둘이 아니구나, 하는 것을 사무쳐 느끼도록 합니다(如對目前). 이렇게 바칠 때 마침내 바치는 이도 받는 이도, 바치는 마음마저도 없게 됩니다.

맺
음
말

보현행원, 마음은 부처님을 향하고
몸은 중생으로 향하다

보현행원은 깨쳐서 부처가 되는 것이 아니라 깨달음 유무
에 상관없이 부처님처럼 살아가는 수행법입니다. 그러면 업
장이나 깨달음 유무에 관계없이 지금 당장 부처님처럼 환하
고 밝게 살아갈 수 있을 뿐 아니라, 그런 행복 속에서 우리
도 모르는 사이 부처님이 되어 가는 것입니다(깨닫지 못했다 하
더라도 깨달은 후에 오는 공덕이 이미 현전함은 물론입니다).

　　행원은 내가 있는 곳에 부처님을 오시게 하는 수행법입
니다. 행원을 하게 되면 '나'라는 아상은 저절로 없어지고 내
가 있던 곳에 부처님만 가득하게 됩니다. 나의 온 몸과 마음
이 부처님으로 가득하게 되는 수행이 보현행원 수행법입니

다. 행원은 저절로 되어지는 수행법입니다. 하심하지 않아도 아상을 없애고, 계를 지키려 하지 않아도 깨달으려 하지 않아도 부처님 계신 곳에 부처님 삶이 그대로 전개되며 저절로 깨달음에 이르게 되는 수행법이 보현행원입니다. 이러한 행원은 궁극적으로는 '마음은 부처님을 향하고(念佛) 몸은 중생의 세계를 열심히 살아가는(行佛) 수행'이 됩니다. 마음은 한없는 그리움으로 부처님을 떠나지 않고, 몸은 중생 속에서 한없는 원을 가지고 일체중생을 찬탄하고 섬기며 살아가는 것입니다. 끝없는 원과 끝없는 행원 속에서 우리의 잠자던 불성(佛性), 꺼져가던 불성의 불씨는 다시 살아나 점점 밝아져 가고, 주위 환경은 축복으로 변해 가며 나만 아니라 우리 모두, 깨달은 자만 아니라 깨닫지 못한 범부 중생들도 다 같이 함께 행복의 물결, 성불의 문으로 들어가는 것입니다. 중생 속에서 살아간다는 것은 행복을 창조한다는 것을 뜻합니다. 우리 불자님들은 반드시 행복해져야 합니다. 그리하여 우리 모두가 행복의 증명자, 불성의 증명자가 되어야 합니다.

또한 마음이 부처님을 향한다는 것은 우리의 마음 역시 중생을 향한다는 말입니다. 부처님은 어떤 분이신가? 마음이 언제나 중생을 향하신 분입니다. 언제나 중생의 행복을 생각하고 어떻게 하면 중생들을 복되고 이익 되게 할 수 있는가만 마음에 가득한 분이 바로 부처님이십니다. 그러므로 부처님을 향한 마음은 거울에 빛이 반사되듯 다시 중생으로 되돌아갈 수밖에 없는 것입니다. 이렇게 마음이 중생으로 향해 있으면 그 마음은 어느 한 곳에도 머무를 수 없습니다. 중생의 마음이 변화무쌍하고 중생의 번뇌가 끝이 없기 때문입니다.

　원효 스님의 사상을 한마디로 정리하면, '일심의 근원으로 돌아가(歸一心源) 일체중생을 이익되게 하는 일(利益衆生)'입니다. 이는 '마음은 부처님을 향하고 몸은 중생을 향하는' 보현행원의 사상과 정확히 일치합니다. 알고 보면 원효 스님은 바로 '보현행자'이셨던 셈입니다. 원효 스님은 60화엄 시대의 분이라 열 가지로 요약된 40화엄의 보현행원품이 나오기 전임에도 중국 화엄승들이 그렇게 알고자 했던 화엄 수행의 정수인 보현행원사상을 60화엄에서 정확히 보시고 실지로 그 길을 가셨던 것입니다.

　화엄과 보현을 '따로' 보면 안 됩니다. 화엄이 바로 보현임을 알아야 합니다. 많은 분들이 화엄을 '먼저' 공부한 후 '화엄의 결론'으로서 보현행원을 말씀하는데, 이렇게 되면 '화엄 따로 보현행원 따로'가 되어버립니다. 화엄은 처음부터 보현이며 또한 보현에서 중중무진의 화엄을 봐야 합니다. 보현안으로 화엄을 보면 《화엄경》 전체가 바로 보현행원임을 알게 될 것입니다. 이런 이유로 성철 스님은 '행원품이 화엄의 축소판'이라 이르신 것으로 보입니다.

행원의 말씀을 맺으며 마지막으로 꼭 하나 부탁드리고 싶은 것은, 우리 불자님들이 더 큰 세계에 눈을 뜨셨으면 하는 것입니다. 우리 불자님들은 너무 나의 문제에만 집착해 있는 경향이 있습니다. 나의 깨달음, 나의 수행, 이런 데 너무 많은 에너지가 낭비되는 것입니다.

얼마나 나는 더 수행해야 하며, 얼마나 더 많은 이웃들이 눈물을 흘려야 내 깨달음은 완성될까요? 부처님 가르침은 어제나 오늘이나 봄 햇살처럼 찬란한데, 나는 대체 무엇이 부족해서 저 중생들 곁에 가지 못하고 고뇌의 하루하루를 보내고 있는 것일까요?

불자님들이시여! 부디 눈을 뜹시다. 그리하여 나의 해탈, 나의 행복, 나의 수행만 찾는 자그마한 세계, 허기진 나의 세계에서 벗어나 우리 모두 저 광활한 해탈의 세계, 무량한 깨달음의 세계로 함께 뛰어 듭시다. 행원의 노래 부르며 서로를 공경하고 찬탄하고 섬기며, 서로 눈물을 닦아 주고 서로 격려하며 그렇게 함께 갑시다. 어쩌면 부질없을(?) 깨달음을 넘어, 이미 모든 것이 갖춰진 세계, 이미 깨달음이 이루어진 세계! 그리하여 삼세(三世)의 모든 부처님이 중생과 함께 춤을 추고 범부와 성자가 하나 되어 모두 함께 환희의 노래 부르고 있는 세계! 차별이 바로 평등이며 평등이 또한 차별인, 불완전과 완전이 등가(等價)의 자격으로 조화롭게 어울리는 세계! 서럽고 눈물 많은 줄만 알았던 초라한 내 모습 나의 삶이 실로는 완전한 진리 세계이며, 잘난 이뿐 아니라 이리도 못나고 부족한 내가 있기에 저 찬란한 법계가 비로소 완성되는 세계! 그 세계로 우리 함께 갑시다. 그것이 '대방광(大方廣)'이요, 거기 사는 서럽고 눈물 많은 중생의 모습이 실로는 저 장엄한 '불화엄(佛華嚴)'일지니! 그러므로 '대방광불화엄경'이며, 우리의 삶이 '불가사의'한 '보현행원'일지니!

행원의 노래 울려 퍼지면 내가 변하고 사회가 변하고 국토가 변합니다. 한국이 변하고 세계가 변합니다. 대립이 사라지고 갈등도 사라지며 모두가 너그럽고 모두가 주인 되는 그런 세상이 나타납니다. 깨닫지도 못하고 수행도 못했지만, 단지 행원의 노래만 불렀을 뿐이지만 이렇게 불가사의한 해탈 경계가 나타나는 것입니다.

부디 우리 불자님들이시여! 행원의 노래 부릅시다! 내 생명은 부처님과 똑같은 무량공덕으로 가득 찬 생명! 우리는 행원으로 저 크나큰 부처님 세계로 들어가며, 이 서글픈 고해의 사바를 해탈의 화엄국토로 바꿀 것입니다.

내 생명 부처님 무량공덕 생명
보현행원으로 보리 이루리
보현행원으로 불국 이루리

부록

1 보현행자의 서원(서문)
2 보현행원송

광덕 스님

부처님은 끝없는 하늘이시고, 깊이 모를 바다이십니다. 생각할 수 없는 청정공덕을 햇살처럼 끊임없이 부어 주십니다. 나의 마음, 나의 집안, 우리 사회 구석구석에 또한 온 겨레, 온 중생 가슴 속에 한없이 한없이 고루 부어 주십니다.

온 중생 온 세계 온 우주는 부처님의 자비하신 은혜 속에 감싸여 있습니다. 부처님의 거룩하신 은혜는 나의 생명과 우리 국토 온 세계에 넘치고 있습니다. 모든 중생이 부처님의 은혜로운 공덕을 받고서 태어났으며, 은혜로운 공덕을 받아쓰면서 생활합니다.

온 중생은 모두가 일찍이 축복받은 자이며, 일찍이 거룩한 사명을 안고 이 땅에 태어나서 거룩한 삶의 역사를 열어 가고 있습니다. 이와 같이 거룩한 광명과 은혜로 살고 있으면서 이 사실을 모르고 있는 자를 중생이라 하였습니다.

저들은 지혜의 눈이 없다 하기보다 착각을 일으켜 육체를 자기로 삼고, 듣고 보는 물질로써 세계를 삼으며, 거기서 얻은 생각으로 가치를 삼고, 그를 추구합니다. 그렇기 때문에 중생세계는 겹겹으로 장벽에 싸여 있고, 사람과 사람 사이는 막혀 있으며, 중생들은 헤아릴 수 없는 고통에 감겨 지냅니다.

이 모두가 미혹의 탓이며, 착각으로 말미암아 자기를 그릇 인정한 데에 기인합니다.

그렇지만 이 국토는 원래로 부처님 공덕이 넘쳐 있습니다. 설사 중생들이 미혹해서 잘못 보고, 잘못 생각하고, 고통을 느끼더라도 실로 우리와 우리의 국토가 부처님의 광명국토임은 변하지 않았습니다. 거룩한 광명과 거룩한 공덕이 영원히 변함없이 이 세계를 감싸 안고, 그 속에 온 중생이 끝없는 은혜를 지닌 채 약여(躍如)합니다.

이 세상이 우리 눈에 어떻게 나타나 보이더라도, 이 마음에 어떻게 느껴지더라도, 저희들은 부처님의 무량공덕장 세계를 의심하지 않겠습니다. 온 세계 가득히 넘쳐 있는 거룩한 공덕을 결코 의심하지 않겠습니다.

거룩하신 대보살들과 모든 중생들이 부처님의 거룩하신 마음속에 하나인 것을 굳게 믿사옵니다. 일체중생의 본성이 불성이므로 온갖 중생의 생명이 부처님의 공덕 생명임을 믿사오며, 중생들이 이 참 생명을 믿고 구김 없이 씀으로써 한량없는 새로운 창조가 열리는 것을 굳게 믿습니다.

보현보살께서 말씀하신 십종행원은 부처님의 무량공덕을 우리의 현실 위에 발휘하는 최상의 지혜행입니다. 행원을 실천하는 데서 우리와 우리의 가정과 우리의 사회 위에 생명의 참 가치가 구현되며, 우리 국토 위에 불국토의 공덕장엄이 구현됩니다.

보현행원은 부처님의 무량공덕 세계를 여는 열쇠입니다. 열 가지 문은 하나로 통해 있습니다. 한 가지를 행하여도 부처님의 온전한 공덕은 넘쳐 나옵니다. 행원의 실천은 우리가 자기 생명의 문을 여는 일입니다. 나의 생명 가득히 부어져 있는 부처님 공덕을 발휘하는 거룩한 기술입니다. 나의 생명을 부처님 태양 속에 바로 세우는 일이며, 내 생명에 깃든 커다란 위력을 퍼내는 생명의 숨결이며 박동(拍動)입니다.

그렇기 때문에 행원에는 목적이 없습니다. 어떠한 공덕을 바라거나, 부처님의 은혜를 바라거나, 이웃이 알아주기를 바라거나, 내지 성불하기를 바라지 않습니다. 행원 자체가 목적입니다.

행원은 나의 생명의 체온이며 숨결인 까닭에 나는 나의 생명껏 행원으로 살고 기뻐하는 것뿐입니다. 행원으로 나의 생명은 끝없는 힘을 발휘합니다. 출렁대는 바다의 영원과 무한성을 생명에 받으며 무가보(無價寶)가 흐르는 복덕의 대하(大河)가 생명에 부어집니다.

나의 참 생명의 파동이 행원인 까닭에 나의 생명이 끝이 없고 영원하듯이 나의 행원도 끝이 없고 영원합니다. 허공계가 다하고 중생계가 다하고, 중생의 업이 다하고, 중생의 번뇌가 다하더라도 나의 생명 행원은 다함이 없습니다.

보현행원은 나의 영원한 생명의 노래이며, 나의 영원한 생명의 율동이며, 나의 영원한 생명의 환희이며, 나의 영원한 생명의 위덕이며, 체온이며, 광휘이며, 그 세계입니다.

나는 이제 불보살님 전에 나의 생명 다 바쳐서 서원합니다. 보현행원을 실천하겠습니다. 보현행원으로 보리를 이루겠습니다. 보현행원으로 불국토를 성취하겠습니다.

대자대비 세존이시여, 저희들의 이 서원을 증명하소서.

서장

○

나 – 무 – 삼계대사 사생자부 시아본사 석가모니불

나 – 무 – 여래장자 법계원왕 만행무궁 보현보살마하살

나 – 무 – 대방광불화엄경 입부사의 해탈경계 보현행원품

거룩할사 부처님 위덕이여

빛나올사 부처님 공덕이여

끝없는 자비하심 걸림없는 위신력이여

아!

무엇으로 견주어 보고 그 누가 짐작인들 하오리까.

시방 일체 부처님이

불가설 불가설 불찰 극미진수겁에라도

다 말씀 못하시는 크옵신 공덕이여

말과 비유와 생각을 넘었어라.

아!

거룩하온 지혜시여

빛나옵신 위덕이여

온 국토 온 생명을 키우시는 빛이시어라 빛이시어라

불자여 형제여 이 땅의 광명이여

크옵신 공덕문은 활짝 열리고

자비하신 손길이 기다리시니

어서 어서 공덕문에 뛰어들지라

부사의 해탈문에 뛰어들지라

대원왕 보현행원 힘써 닦아서

무량광 여래공덕 이룰지로다.

(개경게)

위 - 없이	심히깊은	미묘법이여
백 - 천 -	만겁인들	어찌만나리
내 - 이제	보고듣고	받아지니니
부처님의	진실한뜻	알아지이다

(개법장진언)

옴 아라남 아라다 (3번)

대방광불화엄경 입부사의해탈경계 보현행원품

부처님의	크신공덕	한량없어라
제불께서	무량겁을	연설한대도
지니신덕	소분조차	말씀못하네

누가있어	이공덕을	이루려하면
열 – 가지	행의원을	닦을지로다
열가지 –	광대행원	닦을지로다

제 一 장

○

一. 예경제불원 禮敬諸佛願

보현행원	수행하는	보살들이여
모 – – 든	부처님께	예경할지라
시방세계	미진수불	빠짐이없이
눈 – 앞에	대 – 한듯	큰믿음으로
청정하온	삼업을 –	모두기울여
염념 – 히	끊임없이	예경할지라

二. 칭찬여래원 稱讚如來願

보현행원	수행하는	보살들이여
일체여래	모든공덕	찬탄할지라
시방세계	미진수의	부처님회상

한량없는	보살들이	함께하신데
미묘한말	무진음성	모두기울여
염념히 –	끊임없이	찬탄할지라

三. 광수공양원 廣修供養願

보현행원	수행하는	보살들이여
시방세계	일체불께	공양할지라
수행하고	중생돕고	대신고받고
선근닦아	보살업을	쉬지않으며
보리 – 심	여의잖고	중생거두는
진실공양	법공양에	끊임없어라

四. 참회업장원 懺悔業障願

보현행원	수행하는	보살들이여
무시이래	지은업장	참회할지라
지난동안	지내 – 온	무량겁중에
탐심진심	삼독심 –	삼업으로서
지은악업	허공 – 을	지내오리니
염 – 념히	끊임없이	참회할지라

五. 수희공덕원隨喜功德願

보현행원	수행하는	보살들이여
모든여래	지은공덕	기뻐할지라
일체제불	초심부터	무량겁동안
신명을 -	바쳐가며	닦은선근과
가지가지	바라밀문	원만히닦아
이루옵신	무상보리	수희할지라

六. 청전법륜원請轉法輪願

보현행원	수행하는	보살들이여
일체불께	설법 - 을	청할지로다
시방세계	끝이없는	불국토에서
미진수 -	불보살님	함께하신데
몸과말과	종종방편	모두기울여
묘한법륜	굴리기를	청할지로다

七. 청불주세원請佛住世願

보현행원	수행하는	보살들이여
일체제불	주세간을	청할지로다
일체세계	미진수불	열반들때와
성문연각	유무학과	선지식들께

열반에 –	들지말고	미진겁토록
중생들을	이락토록	권청할지라

八. 상수불학원 常隨佛學願

보현행원	수행하는	보살들이여
어느때나	여래따라	배울지로다
비로자나	부처님이	발심하시고
신명을 –	아끼잖고	정진하시며
가지가지	난행닦아	보리이루고
중생들을	성숙시킴	배울지로다

九. 항순중생원 恒順衆生願

보현행원	수행하는	보살들이여
온갖형상	일체중생	수순할지라
부모님과	스승님과	부처님처럼
섬기고 –	받들고 –	공양올리며
길 – 잃은	이에게는	길을가리켜
평등하게	요익하고	수순할지라

十. 보개회향원 普皆廻向願

보현행원	수행하는	보살들이여
중생에게	모든공덕	회향할지라
중생들이	안락하고	선업닦아서
악도문은	굳게닫고	열반길열며
악업으로	받는고는	대신다받아
모두모두	무상보리	이루게하라

(후 렴)

허공계가	다 - 하고	중생다하고
중생의 -	번뇌가 -	다할지라도
보살의 -	행원은 -	다하지않아

제 二 장

○

보살이여	이 - 것이	열 - 가지	행원이니
누구나 -	이대원을	받 - 들어	행한다면
이것이 -	중생들을	성숙하여	나감이며
아뇩다라	삼보리에	수순하고	행함이며
보현보살	큰행원을	원만하게	이룸이라.

어떤보살	세상에서	으뜸가는	칠보산과
인간이나	천상에 -	다시없는	안락으로
일체세계	중생에게	무량겁을	보시해도
이원왕이	귀에한번	지나침만	못하나니
그공덕은	만분에도	미치지 -	못하니라.

어떤사람	신심으로	대원왕을	수지하면
일체죄업	일체고뇌	모두다 -	소멸되고
마군이나	나찰들도	발심하고	수호하니
짙은구름	벗어난 -	달빛처럼	자재하여
불보살님	칭찬받고	천상인간	예경하리.

이사람은	인간되어	보현공덕	원만하고

보현보살　　미묘색신　　모두속히　　성취하고
어느때나　　천상인간　　승족중에　　태어나서
일체악취　　일체외도　　모두다 -　조복받아
사자왕이　　당당하듯　　중생공양　　받으리라.

이사람은　　연꽃속에　　태어남을　　보게되고
부처님의　　수기받고　　시방세계　　다니면서
백천만억　　나유타겁　　중생따라　　이익주고
마군중을　　항복받아　　보리도량　　이르러서
무상정각　　이루우고　　묘법륜을　　굴리리라.

이사람이　　임종할때　　일체몸은　　무너지고
일체친족　　일체위세　　따라옴이　　없건마는
오직보현　　원왕만은　　그의앞길　　인도하여
찰나중에　　왕생극락　　아미타불　　친견하고
문수보현　　관음미륵　　제보살을　　뵈오리라.

한량없는　　세계중생　　보리심을　　내게하고
근기따라　　교화하여　　무량중생　　이익주니
대원왕을　　들었거나　　그말씀을　　믿었거나
수지하고　　독송하고　　남을위해　　말해주는
그사람이　　지닌공덕　　부처님만　　능히알리.

그대들은	원왕듣고	의심을 -	내지마라
마음비워	받고읽고	능히외워	지니면서
서사하고	남을위해	설해주는	그사람은
일념중에	모든행원	모든복취	성취하여
고해중생	건져내어	극락국에	나게하리.

보현행원은 나의 진실생명의 문을 엶이어라.

무량위덕 발휘하는 생명의 숨결이어라.

보현행원은 나의 영원한 생명의 노래

　　　　　나의 영원한 생명의 율동

　　　　　나의 영원한 생명의 환희

　　　　　나의 영원한 생명의 위덕

　　　　　체온이며 광휘이며 그 세계이어라.

내 이제 목숨바쳐 서원하오니

삼보자존이시여 증명하소서

보현행원을 수행하오리

보현행원으로 불국 이루리

보현행원으로 보리 이루리 .

나무 대행 보현 보살 마하살

나무 마하반야바라밀.

보현행원으로 보리 이루리

2017년 9월 12일 초판 1쇄 발행
2017년 9월 26일 초판 2쇄 발행

지은이 이종린
발행인 박상근(至弘) • 편집인 류지호 • 상무 이영철 • 편집 김선경, 양동민, 이기선, 주성원
제작 김명환 • 전략기획 유권준, 김대현, 양민호 • 관리 윤애경
펴낸 곳 불광출판사 (03150) 서울시 종로구 우정국로 45-13, 3층
　　　대표전화 02) 420-3200 편집부 02) 420-3300 팩시밀리 02) 420-3400
　　　출판등록 1979. 10. 10. (제300-2009-130호)

ISBN 978-89-7479-367-8 (03220)

이 도서의 국립중앙도서관 출판예정도서목록(CIP)은
서지정보유통지원시스템 홈페이지(http://seoji.nl.go.kr)와
국가자료공동목록시스템(http://www.nl.go.kr/kolisnet)에서 이용하실 수 있습니다.
(CIP제어번호: CIP 2017021253)